『润泽』文化的力量

——『润泽』教育下文化办学的思考与践行

刘明成 著

以文化人，探索文化之要义
文化立校，铸就学校发展之魂
因校施策，从文化困境走向文化自觉

山东大学出版社
SHANDONG UNIVERSITY PRESS
·济南·

图书在版编目（CIP）数据

“润泽”文化的力量：“润泽”教育下文化办学的思考与践行/刘明成著．—济南：山东大学出版社，2021.8

ISBN 978-7-5607-7086-4

Ⅰ．①润…　Ⅱ．①刘…　Ⅲ．①中学教育—教育研究　Ⅳ．①G632.0

中国版本图书馆 CIP 数据核字（2021）第 142423 号

策划编辑　秦大忠
责任编辑　秦大忠
封面设计　刘永辉

出版发行　山东大学出版社
社　　址　山东省济南市山大南路 20 号
邮政编码　250100
发行热线　(0531)88363008
经　　销　新华书店
印　　刷　济南华林彩印有限公司
规　　格　720 毫米×1000 毫米　1/16
　　　　　14.25 印张　202 千字
版　　次　2021 年 8 月第 1 版
印　　次　2021 年 8 月第 1 次印刷
定　　价　48.00 元

前言

教育界有句名言：三流学校靠权威，二流学校靠制度，一流学校靠文化。文化具有潜移默化、滴水穿石的柔力，是核心发展力。在我看来，一所学校，除了教书育人、为学生传授知识和培养技能外，还应赋予生命以精神和灵魂，能够为生命镌刻上于其一生有用且深刻的东西，这就是学校文化。

中国教育科学研究院朝阳实验学校（以下简称“我校”）始建于1985年，是中国教育科学研究院与朝阳教委共同打造的十五年一贯制全国优质名校。作为一校之长，我深感在文化建设方面肩负重要的使命，应当自觉地担当起文化立校的使命，用心思考和构建学校文化发展战略，用心思考和构建学校发展的美好未来，让学校文化成为一种教育的影响力，一种潜在的教育资源，让师生从文化自发走向文化自信。

带着这样的期许，我校的文化建设之路经历了三次重要阶段的调整和变革。第一阶段是2013年至2015年，属于学校文化传承与调整阶段。当时随着新的领导班子调整，我们在传承文化的基础上，重新对文化理念进行系统梳理和调整，形成了“润泽教育”的雏形。第二阶段是2015年至2016年，学校对外整合，由一址办学变成四址办学。为了让不同文化进行融合与发展，我们带领全校师生，在融合原有各个文化体系的基础上，进一步深化学校新的核心价值观念，内化新的文化体系。经过文化融合，凝聚共识，初步确立了学校“孕育思想　润泽生命”为统领的文化理念。第三阶段是2016年至2020年，这是我校文化提升与创生阶段，我校借助中国教育科学研究院的智库资源，进一步提升和优化学校文化，最终凝练并实施了以“润泽教育”为统领的学校文化体系，确立了“润品育能，筑基未来”的办学理念和“润养会思想的卓越行动者”的育人目标，进一步明晰了我校要“培养什么样的人”“办什么样的学校”“以什么方式育人”等三个关键问题，为学校的未来发展指引了方向。

新的理念进一步激活了学校的教学者和管理者，学校迸发出新的活力和激情。在“润泽教育”的统领下，以“润品育能，筑基未来”的办学理念为指引，我校着手进行润泽教育下的育人路径的探索，扎实推进，稳步落实。如何将润泽教育融入办学实践中，让理念真正落地呢？面对这一难题，我和领导班子进行整体研讨，确定以办学理念为核心，从管理、课程、课堂、德育、环境等不同维度出发进行整体规划和落实。

在管理方面，我校优化管理机制，实施“扁平化”管理模式，落实岗位双向聘任机制、年级主任负责制、岗位履职问责机制等，形成了“规范自觉，和谐活力”的润泽管理文化；在课程方面，我校构建助力学生生命成长的“润泽课程”体系，以“润品”“润知”“润能”“润体”四大课程为支撑，以“贵品渊知，卓能强体”的润泽课程文化润养学生高尚的品格、渊博的知识、卓越的能力和强健的体魄，促进学生幸福成长；在课堂方面，我们提出“重思明辨，充满活力”的“思考力”课堂，让师生通过深度思考、交流碰撞、点拨引导、教师追问等途径，提升学生思维能力和思维品质，促进学生全面发展；在德育方面，我们倡导“立德敦品，弘毅励行”的润泽德育，建构以育人目标为价值导向的“润泽德育”体系，并设计“润泽少年”荣誉评价，从而培养学生优秀的品德，培育美好的气质，锤炼坚韧的意志，引导正确的行为；在环境方面，我校积极营造“温润尔雅，和谐阳光”的润泽校园文化，将学校的润泽文化浸润到学校的每一个角落，让学校一草一木、一砖一瓦皆洋溢出温润尔雅、和谐阳光的灵动气息。

在多年的努力下，我校逐渐踏出一条践行润泽教育之路，学校的每一位学生、教师乃至家长都达成了高度的文化认同，师生逐渐从文化自发走向文化自信，“润泽教育”已扎根于我们心中，氤氲在校园中。

古人云：“诗以言志，文以载道。”我想用文字记录下我们多年来对于“文化办学”的思考与实践。因此，这本书应运而生。本书通过对“文化价值的探寻—文化的建构与认同—文化的管理和变革—文化的实践与探索—文化的生成与影响”这一文化办学全过程的挖掘和呈现，展示了我校从文化自发走向文化自信的发展之路，希望能在办学和治校方面为教育同行者们提供一点有益的启示与借鉴。

教育是一场永不止息的诗意修行，文化办学是一场不断思考和革新的旅程，怀揣着对教育事业的热爱和梦想，我们将继续乘风破浪，求新求变，在不断前行中拥抱更好的未来！

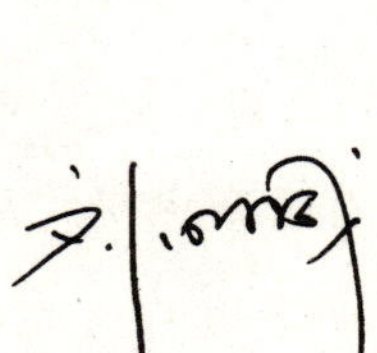

2021 年 6 月

目　录

第一章 文化价值：探寻文化办学的本质与内核

本章以办学者的视角重新解读文化：什么是学校文化？文化之于学校有何意义？文化办学的痛点在哪里？本章将结合作者自身的办学经历探寻文化办学的本质与价值。

第一节　文化治校的价值探索与现实困境

当前，“文化”两字对于每个人来说已经不再陌生。特别是党的十八大以来，我们反复强调文化自信，高度重视文化自信。面对这样新的时代课题，各行各业都在探索文化的真谛。同样，教育界也呈现出“人人都在谈文化，校校都在做文化”的教育景象。既然要做文化，就要理解文化，读懂文化的内涵，正视文化的痛点，从根本上突破困境，这样我们才能做到教育的文化自信、学校办学的文化自信。

一、以文化人，探索文化之要义

何为“文化”?《易经》曰：“刚柔交错，天文也；文明以止，人文也。观乎天文，以察时变，观乎人文，以化成天下。”“文化”两字由此而来，有“人文化成”之意。

综观古今中外哲人、学者对于“文化”的定义，可谓“仁者见仁，智者见智”，但共同点就是：文化是人类相互之间进行交流且普遍认可的一种能够传承的意识形态，是对客观世界感性认识与经验的升华。

简而言之，文化是一种内在精神，是一种生活方式，是一种集体意识。有人曾用通俗易懂的四句话来表达“文化”：根植于内心的修养，无需提醒的自觉，以约束为前提的自由，为别人着想的善良。这正是“文化”的外化表现。文化常蕴含在一思一行中，体现在举手投足间。

文化之于一个国家、一个民族，是最基本、最深沉、最持久的力量。同样，文化之于一所学校，也是其内在发展的动力源泉。

那何为学校文化？美国著名学者皮特森说："学校文化是一组规范、价值和信念、典礼和仪式、象征和事迹，这些因素构成了一所学校不同于其他学校的个性，正是这些隐性因素在时间长河中沉淀下来，促使学校管理者、教师、学生及其家长共同解决问题，迎接挑战。"① 换言之，学校文化就是一所学校在长期的教育实践中积淀和创造出来并为师生所认同和遵循的价值思想体系、行为规范、精神风貌和物化环境等综合性的整合和结晶。

一方文化孕育一方教育。对于一所学校来说，文化蕴藏在学校整个教育系统中，犹如空气，视之不见，嗅之不觉，但无处不在，无时不有，始终以潜移默化的方式影响着教师与学生的行为，以一种强烈的磁场效应将师生凝聚到一起，从而让大家心有所向，行有所往，携手并肩，奋力前行。

二、文化立校，铸就学校发展之魂

我们常说，文化是一所学校存在的"根"与"魂"。那么，学校为什么一定要有文化呢？我们做文化的意义何在呢？我们也在不断的思索中寻求着答案。

学校文化是国家教育校本化的体现。著名社会学家费孝通老先生曾对不同民族的文化关系给出这样的总结："各美其美，美人之美，美美与共，天下大同。"② 这也是不同学校不同文化互存互融的最好状态。

---

① 转引自付云：《学校文化简论》，《教育改革》2006 年第 4 期。

② 费孝通：《人的研究在中国——个人的经历》，《读书》1990 年第 10 期。

对教育政策进行“校本化”实施，就是在追求这一美好境界，力求打破“千校一面”同质化的现象，让每所学校在解决共性问题的基础上，追求个性化的办学文化，让每所学校做出差异化和个性化，绽放出自身独特的魅力，从而使各校达到“各美其美，美美与共”的美好蓝图。如果没有学校文化，这种差异性和个性化就难以体现。

学校文化是教育中“育”的价值彰显。作为一所学校，其根本任务是教书育人。教书在于传授真知和能力；育人在于开化人性，塑造品格。前者归为教学问题，用教学途径来解决；后者归为育人问题，自然会涉及育什么样的人以及赋予其什么样的精神和品质的问题。而这就需要用学校文化来解决，不同的文化取向和育人理念所培养出的学生自然也就有所不同。正如《荀子・劝学》中所言：“蓬生麻中，不扶而直；白沙在涅，与之俱黑。”这正是文化的力量。

文化育人不可小觑。倘若一所学校没有“育”，没有文化，只有“教”，只剩下干瘪的教学技术和冰冷的知识灌输，那么，这种学校培养出的人也便失去了智慧和灵性，也就缺少了“人情味”。这与教育的本质和初衷是相悖的。

学校文化对内形成共同愿景，对外实现品牌塑造。文化之于学校，犹如灵魂之于生命，思想之于人类，是学校激发凝聚力和迸发活力的源泉。对内来说，文化的凝聚与渗透统一了师生愿景，在师生之间形成一种心照不宣的价值认同，成为一种能动的精神力量，让师生成为文化建设的共同创生者，共同推动学校前行的步伐，成就学校的可持续发展。

对外来说，学校文化彰显了一所学校的“与众不同”，它将学校的教育哲学化为育人特色，是区别于其他学校的独一无二的品牌，从而能够在一定程度上扩大学校影响力，加强外界对学校的认知和传播。

"无文化，何以立?"可见，学校文化关乎生存，关乎发展，文化建设重在当下。

三、因校施策，从文化困境走向文化自觉

文化建设实践的过程并非一帆风顺，而是面临着许多痛点和难点。如国学大师钱穆所说："一切问题，由文化问题产生；一切问题，由文化问题解决。"① 那么，我们试图从文化的视角去解决问题。

北京师范大学张东娇教授就曾对当前学校文化建设实践中存在的一些亟待关注的问题进行总结：逻辑难自洽、概念不操作、说做两张皮。"逻辑难自洽"就是文化体系表述缺少一致性和一贯性；"概念不操作"指的是学校文化概念被搁置，始终处于概念"摆着看"的阶段；"说做两张皮"指的是说和做不统一，办学理念和办学实践呈现"两张皮"的状态。也正是这三大问题，直接导致学校文化中空、内虚和外散的结果。②

作为学校的办学者，我对其深表赞同。因此，我和学校领导班子且思且行，在文化建设的过程中缜密审视和深入探索，力求突破文化困境，解决学校办学文化的难题。

针对"逻辑难自洽"这一问题，我们重在理清理念体系中的要素关系，科学建构理念体系。学校要建构理念体系，就要先厘清理念体系中办学理念、办学目标、育人目标和"一训三风"几个核心要素的关系，从而围绕核心文化进行精准提炼和表述。比如，我校以"润泽教

---

① 钱穆：《文化学大义》，台北正中书局 1981 年版，第 81 页。

② 参见张东娇、张凤华：《学校文化建设三大问题及其解决策略》，《中小学管理》2015 年第 1 期。

育”这一核心文化为统领，提出“润品育能，筑基未来”的办学理念、“打造一所温润的卓越之校”的办学目标、“润养会思想的卓越行动者”的育人目标，以及“润泽、博雅、睿智、平和”的校训等，让理念体系自上而下形成具备统一性、逻辑性和完整性的顶层系统。

针对“概念不操作”这一问题，我们的解决策略是追求理念提出的真实有效和师生内心的真实认同。在我看来，一些学校之所以会出现“概念不操作”这一问题，其根本原因在于学校在提出核心文化时只一味地追求好听、好看，而并非挖掘办学者和师生们内心深处真实的教育主张。最终结果就是，这种概念得不到大家真心的认同，缺乏推行的动力，从而造成不操作，只能束之高阁。

因此，我校在提出核心文化时，更注重真实有效，从校情出发。一方面，挖掘我们办学者思想深处的教育主张；另一方面，倾听师生内心的真实认同。在这种共同的思想交织下，“润泽文化”从我们脚下的土壤中生发而出，成为我校的办学哲学和师生们共同的行动指南。

针对“说做两张皮”这一问题，我们的解决策略是以核心文化为唯一逻辑起点，建构学校的理念和实践体系，做到知行合一。一些学校的“说做两张皮”体现在理念体系和实践体系呈现两个概念，理念体系不落地，实践体系不对接，知行不合一。为了避免这一问题，我们以核心文化为唯一的逻辑起点，建构理念体系和实践体系，并对核心理念和育人目标逐级分解，对接实践体系，包括环境、管理、课程、课堂、德育、教师、对外交流等，从而保证理念与实践的有效对接，促进理念的落地和文化的深化。比如，我校围绕“润泽教育”这一核心文化，营造“温润尔雅，和谐阳光”的润泽校园，实施“规范自觉，和谐活力”的润泽管理，培养“教研相长，深思力行”的润泽教师，建设“贵品渊知，卓能强体”的润泽课程，打造“重思强辨，充满灵性”的思考力课堂，建立“立德敦品，弘毅励行”的润泽德育，发展“合作共润，开放共享”的润泽外联……从而让“润泽教育”文化根植于办学实践中，润养每一个生命的幸福成长。

在这个变革、激荡、创新的时代，想要成为一所“好”校，就要具有高度的文化自觉，用心打磨自己的办学文化，实现文化的高位引领。学校只有将这条无形的“文化之根”培植起来，才能以文化之源涵养发展之力，源远不断，历久弥新。

第二节 追本溯源，探寻文化办学的内核

一所理想学校，不在于华丽的装饰和高大的校舍，而是由内而外散发出一种别具一格的气韵和精神。正如我们所熟知的清华、北大、哈佛、剑桥等，因其独特的精神和风骨而闻名遐迩。文化立校，一直是理想学校的真实写照。因此，每一所学校都应致力于打造属于自身的、独特的文化内涵，提炼文化办学的内核，彰显出自身的办学个性和品味。

一、回归本源，认清文化办学的本质

习近平总书记在全国高校思想政治工作会议、北大师生代表座谈会、全国教育大会等多个重要会议上均提出“新时代教育三问”——培养什么人、怎样培养人、为谁培养人，这既是一个教育哲学问题，也是文化办学的核心问题。作为基础教育体系中的一支队伍，我们要认真回应好这“三问”，思考文化办学的本质与诉求，从而担负起立德树人

的责任与使命。

那么，文化办学的根本和实质到底是什么？我们都知道，教育和办学的目的其根本在于育人，而文化办学就是在解决育人的核心问题。

从某种意义上来说，一所学校所培养出来的人，在内心深处永远烙印着这所学校文化的印记。因此，学校最重要的价值不是传授知识，而是塑造人的品行和价值体系，而这些要通过学校文化来完成。文化办学就是思考“办什么样的教育”“培养什么样的人”“办什么样的学校”这些问题，并以文化为脉络，贯穿起学校的方方面面，通过无声的润泽，充盈美好的精神，修炼人性的美德，锤炼优秀的品格，注入正确的价值观，培养核心的能力，从而让每个生命成为更好的自己。这正是学校立化立校、文化立人的要旨和真谛。

一种理念涵养一种精神，一种文化塑造一种人才。我们期望通过文化办学，最终促进理念及育人目标的达成，让学生成为我们期待中的样子，让学校呈现出“人人学文化，人人懂文化，人人做文化”的文化氛围，保证高质量地实现办学目标，让学校成为文化办学的佼佼者，引领和示范文化办学的新时代。

二、初心“三问”，思考我校的育人核心

文化育人的关键是学校自身文化建设和文化力的形成。在这个过程中，首要之事就是思考学校的育人核心，明确以什么样的定位、思想、目标和样态去完成育人的过程。这既是回归初心、自我诘问的过程，也是观照现实、寻找文化脉络的过程。

（一）我们要办什么样的教育

德国历史学家斯宾格勒说：“文化本身也是依次从一种故乡景色之

中生长起来的，它不断地变化并加强人与土地的亲密关系。”① 同样，每一所学校都有自己想办的教育，都有其独特的文化土壤与文化表达。

那么，如何挖掘和定位学校的文化呢？在我看来，学校文化的挖掘一般有三条路径：一是从学校的办学历史或办学特色上进行传承，二是从学校校情、师情及学情中寻找立足点，三是要从办学者的视角去挖掘内心所期许的教育主张和思想。

作为一所九年一贯制学校，我校于2015年由四所学校合并而成，四所学校的文化积淀、理念体系等需要在调整中融合，在融合中发展。学校文化理念认同、文化体系建设等亟须按照九年一贯制办学需要、学校育人理念体系进行整体设计、系统谋划。为此，我们在尊重校史校情、尊重师生发展的基础上，立足于办学者和师生的视角，去挖掘学校的文化定位，融合师生期许和共识，最终将学校文化定位于“润泽教育”。

在我们的希冀中，“润泽教育”是一种智慧且艺术的教育，它直抵教育的本质，摒弃说教和灌输，以一种如水般润物无声的形式，浸润校区文化，达到四校区文化的融合和发展；以一种静水深流的姿态，浸润教师的精神，升华教师的思想和智慧；以一种上善若水的境界，滋润学生的心灵，润养学生的品德和行为。

（二）我们要办一所什么样的学校

每一位办学者都会在心中勾勒出属于自己的教育“理想国”，它或是如践行杜威“教育即生活，学校即社会”思想的芝加哥大学实验学校，或是如苏霍姆林斯基创办的“追求个性的全面和谐发展教育”的帕夫雷什中学，抑或是如陶行知实施“因材施教，知行合一”教育主张的育才学校……不难看出，每所学校的创建都体现了办学者深刻的教

---

① ［德］斯宾格勒：《西方的没落》，齐世荣等译，商务印书馆1963年版，第75页。

育主张和浓烈的教育情怀。“要办一所什么样的学校”也是我脑海中不断盘桓的问题。

我心中的理想学校，一定是有温度、有思想、有文化、可持续、新样态的现代学校。在这里，每一名教师、每一位学生都是学校的主人。学校把每个生命的成长作为一切工作的出发点和归宿点，尊重每位学生的个性化、差异化和多元化的发展诉求，以“润泽”的方式，以“温润”的形态，润养师生的品与能，奠定他们良好的习惯、优秀的品德、正确的价值观以及未来发展的核心能力。

同时，我心中的理想学校也绝不是居于一隅、安于现状，而是如北宋张载所说“为天地立心，为生民立命，为往圣继绝学，为万世开太平”，肩负起为国家办学、为国家育人才的使命，围绕国家发展要求和时代潮流，坚持守正出新、开拓进取，追求品质，打造优质，创建一所卓越之校，从而更好地发挥辐射引领之效，带动一方教育的发展，传递“星火”力量，推动中国教育发展的“燎原”之势。

（三）我们要培养什么样的人

学校教育重在育人。随着人工智能时代的到来，以“知识学习”为主的传统观念正在发生着变革，与时代同频，立足当下，面向未来，我们首先思考的事情就是：学校到底要育什么样的人？

“育什么样的人”这一问题，看似简单，实则意义深远。它关乎生命的成长，关乎社会的发展，更关乎国家及民族的命运。有人说：“培养什么样的人才就能预见什么样的未来。”可见，学校育人不能短视，要立足长远去考虑，不仅仅要关注于当下政策及形势下学生的培养方向，还要以一种未来人才发展的视野来审视当前的育人方向。要把学生的成长和发展放在一个长远且恢宏的时空里加以考量。既要给予学生当下生存之根，又要赋予学生未来成长的力量。

在这种认知下，我一直在思考：从中国教育科学研究院朝阳实验学校走出的学生应该是什么样子？我想，第一是要有思想——包括理性思维能力和思维价值取向的审辨，能够做到广泛求知；懂得审视辨别，缜密思考，还可以做到换位思考，情感共振。第二是要有情怀，懂得崇德向善，爱国爱家；积淀文化底蕴，具有审美情趣，同时也要心怀梦想，志存高远。第三是要敢担当，学会有所为，即心怀责任，敢于担当；有所不为，即遵守规则，守好底线，不断修身自立，奋发图强。最后，就是要能作为。既要勇于探索、大胆创新，又要躬身实践，知行合一，不断超越自我，成就生命的精彩，打造卓越的自己。

带着对文化的认知、对育人核心的思考，我们将进一步建构学校理念体系，践行实践体系，致力让学校文化深深烙印在每个学生的成长轨迹及其心中。无论他们走到哪里，学校文化都会在举手投足间不经意流露，让学校文化真正成为师生生命的底色。

第二章 文化认同：建构以“润泽教育”为核心的教育哲学

本章从学校“润泽教育”理念体系的建构出发，对润泽教育的源起、办学理念、办学目标、育人目标以及“一训三风”等内容进行解读，从而深入阐释学校的办学哲学。

第一节　立　根

——以“润泽教育”为核心的文化源起

时下，学校的文化意识已普遍觉醒，找寻文化、提炼文化成为文化建设中的重点研究对象。通览那些好的文化与理念，它们或者从地域特点中来，或者从历史传承中来，或者从教育主张中来，但无论源自何方，它们都以自身强大的感召力统领了学校各方面的工作，实现了文化立校与内涵发展。我校以“润泽”言“教育”，既植根于深厚的中国传统文化，继承学校发展的传统，又基于当代与未来培养学生的核心素养，实现立德树人根本任务的需要。

一、从传统文化中找寻“润泽”踪迹

我们的国家是一个尊师重道的文明古国，在悠久的历史发展中沉淀了诸多的教育智慧，从孔子的“有教无类”“因材施教”，到王充的“在化不在性”，再到王阳明的“知行合一”……在对传统教育哲学进行解读与借鉴的过程中，我校的“润泽”文化逐渐走向清晰。

《礼记·聘义》中，孔子以玉喻君子：“夫昔者君子比德于玉焉：温润而泽，仁也；缜密以栗，知也。”在此，“温润而泽”指玉的柔软、光滑而有色泽，孔子将“温润而泽”视作“仁”的象征，赋予其美好的精神寄托——对“君子”品性的期望。即便在社会高度发展的今天，德与智同样是我们教育的出发点和归宿，是教育的永恒追求。因此在我校的教育中，要坚守这种育人价值观，以仁为先，养德润身，滋养生命厚度，丰盈人生智慧，培养出具有“润泽”气质的学子。

《周易·说卦》也曾有言曰：“雷以动之，风以散之，雨以润之。”风雷鼓动，而后以雨润养万物。《风俗通义》亦言：“泽者，言其润泽万物，以阜民用也。”由此可见，“润泽”还指涉一种向外的、作用于他物的过程，是一种向外的弥散之力。但这种作用是潜移默化的，如行云流水一般，虽默默无闻，却附着于万物之上，促使其兴盛繁茂。这一古老而深刻的象征与教育的过程极为相似，表达出了教化育人的最高境界，也是我们为之努力的方向。我们希望学校的教育也能保持这种淳朴、宏大的状态，让教和育的过程适宜而充分，为生命的发展提供充盈的养分，满足学生多样化的发展需要。

可见在古代先贤看来，“润泽”一方面“向内”指向个体自身，乃良善品质的象征；另一方面“向外”喻指培育，是对外物的包容、润养、泽被。内外合一相通，构成了古代先贤宏大世界观的基础。站在这一基础上审视我们的教育，我校以水的哲学为基础，意在形成静水深流的大教育气象，内隐的是教育者内心的自信、执着与强大定力，外显的是“静心教书，潜心育人”，最终目标与境界是学生品格高尚、思想丰厚、行动果敢、生命舒展，成为“会思想的卓越的行动者”。

二、从教育主张中提炼“润泽”内涵

教育的本质是促进人的发展，但人应该如何发展，怎样的教育能够促成这种发展，答案并不唯一。夸美纽斯说，“把一切知识教给一切人”；赫尔巴特说，“使教育成为一种艺术的事业”；杜威说，“儿童是中心，教育的措施便围绕他们而组织起来”；陶行知说，“千教万教教人求真，千学万学学做真人”……

那么，一所学校应具备哪些对教育的最基本理解，来指导自身的办学实践，以更好地落实国家的培养目标呢？借鉴古今中外的教育哲学，结合我校教育经验的积累，我们提炼出了“润泽教育”当中所蕴含的几点核心内涵。

首先，教育要以爱的滋润唤醒灵魂，它是一切教育的基础。

爱因斯坦曾对教育下过这样的定义：所谓教育，是忘却了在校所学的全部内容之后剩下的本领。站在学生的角度看，人的发展不止知识的学习与技能的掌握，更重要的是学会做人、学会学习、学会审美、学会创造。而这些能力的获得不是机械训练的结果，它更依赖于师生间心与心的感应、人格与人格的影响、思想与思想的碰撞……归根结底是对学生的爱。这种爱如细雨润物，虽不着痕迹，却在生命最深处留下永久的记忆，积蓄成长的力量。

站在教师的角度看，爱为教育的过程注入了灵魂。教育的过程复杂而繁琐，如果没有爱的底色，教育就只剩下了机械的执行与应付，教师在工作中的效能感、成就感与职业幸福感也将大打折扣。教师只有具备了这种自觉而真诚、普遍而持久的爱，才能创生活泼的教育，享受教育的过程，成为一名温暖而幸福的浇灌者，丰润每一个生命，实现自身的价值。

其次，教育要用“真”的方法涵养成长，它是教育效果的保障。

“真”是一种实事求是的不自欺精神，教育中保持这种求真的精神尤为重要。因为教育者所面对的不是等待被加工的原料，也不是有着统一规格的产品，而是一个个真实而完整的人，他们不仅有情、有思想，而且有差异、有不足。这种对学生的“真实”理解决定了我们的教育必须运用能真正顺应生命节奏、促成生命发展的方法。

遵循生命的发展规律，教育实施就应如流水般灵动无拘，遇方则方，遇圆则圆，体现生命最真实的状态，找到生命发展最适当的目标。虽无声无形，却能够激活每一位学生的潜能；虽不是立竿见影，但能给予学生最长久的滋养。

最后，教育要朝善的方向盈润生命厚度，它是教育方向的导航。

我国著名教育家于漪先生曾说："中国人讲'仁'字，特别是儒家，'仁者爱人'，要做一个名师就要做到心中有别人。"① 我们将君子比德于玉，从"温润而泽"中发现仁的智慧，都是对美好德行的追求。一个心中有他人、心中怀仁慈的人，才能真正拥有幸福的能力。因此，对于"培养什么样的人"，虽然不同的人有不同的回答，但我们认为善良的品行是第一位的。它不仅是我们千年文化积淀中的精髓所在，而且是一个人宝贵的精神财富。

教育应该秉承我们文化基因中善的智慧，以上善若水的情怀、崇善扬道的信念帮助学生浇灌善根、修成善行，润养浩然正气，让善的气息如水般润泽师生的内心，成就每位师生的仁者之态。

三、从时代呼唤中发现"润泽"智慧

"教育要面向现代化、面向世界、面向未来。"在全球化程度不断提高、科学技术迅猛发展、社会生活深刻变革的背景下，小学教育要响应时代的呼唤，全面贯彻素质教育、落实教育改革，以核心素养为标的，将传统教育中的"育分"转向"育人"，培养与时俱进的、全面发

---

① 于漪：《教育的姿态——于漪基础教育论稿》，山西教育出版社 2014 年版，第 60 页。

展的、具备创新精神与实践能力的人才。

这种理念的落实，要求我们转变学生观——学生是一颗等待润泽的种子，而不是盛装知识的容器。在看似弱小、不成熟的背后，蕴藏着无尽的潜能与宝藏，为我们的教育提供了前提和无限可能。只有当学生的生命得到润养与充实后，他才能呈现出鲜活的生长力与创造力，才有希望成为一个有能力面对未来、改变未来的人。

与此对应，我们要转变教学观——教育是润泽生命的艺术。教与学不是“抽水桶”与“蓄水池”的关系，须知欲速则不达。教育应以一种弥散的、灵动的、滋养的方式来落实，教育者要耐心体察与聆听生命的脉动，深刻把握学生的现在，着眼学生的未来，为学生提供丰富的学习经验与体验，在细心的浇灌中，点滴渗透，让学生充分“吸收”成长的养分，为学生的成长打下坚实的根基。

“润泽教育”是我校对传统文化的珍视、对自身教育主张的思考，是从社会发展的需求出发总结提炼出的文化内核。它寄寓着我们对于教育深情的期盼与追求。我们希望在教育的实践中能够以“润泽教育”为指导，全面贯彻落实这种文化精神，为师生带去生命的丰厚滋养。

第二节　铸　魂

——学校办学思想的凝练、表达与践行

办学思想是学校发展的灵魂，凝练它、完善它、践行它是校长的重要责任和神圣使命。对于一所学校来说，好的办学思想应具有统摄

性，统领着学校的方方面面。作为校长，要有意识、有智慧、有行动地让办学思想照亮学校的每一个角落，成为师生共同的价值追求和行动指南。

一、聚焦核心概念，理解理念要义

思想往往昭示着人的伟大。同样，办学思想也昭示着学校的发展。对于学校而言，办学理念是指引其走向未来、走向远方的灯塔。它是学校围绕着“办什么样的学校”和“怎样办好学校”这两个核心问题，经过长期的理性思考及实践所形成的思想观念。

通俗来讲，办学理念是对“办什么样的学校”和“怎样办好学校”深层次思考的结晶，是校长对学校的理性认识、理想追求及其所形成的教育思想观念和教育哲学观点。人人在说办学理念，校校在提办学理念，那么办学理念对于学校来说，到底有什么样的重要作用呢？

（一）办学理念是学校发展的灵魂

一所好的学校，首先要有先进的办学理念。这些先进的办学理念要体现前瞻性、科学性和真实性。领导学校，首先是教育思想上的领导，其次才是行政上的领导。所谓“教育思想的领导”，就是以办学思想为内核和灵魂，形成共识，指引师生的行为，统领学校的可持续发展。

办学理念绝不是一句口号或标语，而是展现在学校的方方面面。一推开学校大门，你就可以感受到学校以理念为魂而形成的文化氛围。一草一木，一颦一笑，处处彰显理念之美；管理之道，教学之法，无不体现理念精神；迎来送往，上传下达，无不展现理念气质。办学理念作为学校发展之魂，融入学校的基因与精髓。

（二）办学理念塑造师生的精神气质

一所学校师生身上体现出来的精神气质往往与这所学校的办学理念或是办学文化有关。办学理念是一所学校核心价值理念的集中表达。可以说，有什么样的价值引领就会有什么样的学校风尚。

好的办学理念赋予学校独特性与专属性，是一所学校不可代替和模仿的精髓。它不仅能够提升学校的办学品味，更能激发师生的荣誉感、归属感和向心力，赋予师生一种对于幸福和生命价值的追求，使他们愿把这种精神和理念融入到自己的生命中，渗入到灵魂深处，并在心中树立美好的理想与信念，内化于心，外化于行，凝聚成这所学校独一无二的“精气神儿”。

（三）办学理念彰显学校的文化特色

学校办学理念的提出不是人云亦云，而是要因地制宜，从学校自己的土壤中生发出来，体现出真实性和个性化。这也是不同学校的文化特色所在。在某个意义上来说，办学理念是一所学校文化和个性的集中体现，它是对学校独特文化和个性的概括和提升。

当学校的办学理念落地开花之时，这种文化特色便会化无形为有形，成为学校发展的核心竞争力，成为全校师生共同的奋斗目标和力量源泉，成为学生、家长、教师乃至社会对于学校的共同认知，从而使学校教育的影响力更持久，更深入，更具知名度和影响力。

二、提出使命愿景，明晰办学追求

办学思想的提炼不是学校在众多好理念中随意选择的结果，也不是专家隔空指点的产物，更不是学校管理者灵光乍现的结果。在我校看来，办学理念的提出一定要从宏观、中观、微观三个视角出发，理清内在的逻辑关系，从而提出使命愿景，明晰办学追求。

（一）放眼宏观，与新时代"教育强国"战略部署相一致

"教育兴则国家兴，教育强则国家强。"建设教育强国是中华民族伟大复兴的基础工程。这是教育工作者重要的行动指南，是科教兴国战略、人才强国战略和创新驱动发展战略等一系列重要战略的逻辑起点，也是德智体美劳全面培养的教育体系、高水平的人才培养体系规划设计运行的逻辑起点。

义务教育是我国人才培养工程中最基础的部分。作为学校，我们必须明确为谁培养人、培养什么人、怎么培养人的问题，在读懂国家相关政策的基础上，从高站位去思考，立足宏观，站在国家、民族的层次去思考办学的价值、学校的价值以及育人的价值，从而担当起为党育人、为国育才的使命与责任。

（二）把握中观，与学校教育的价值追求同频共振

《什么是教育》一书中写道，教育是极其严肃的伟大事业，不断地将新的一代带入人类优秀文化精神之中，让他们在完整的精神中生活、工作和交往。[①] 可以说，教育的本质是促进人类生命个体健康成长，实现生命个体由自然人向社会人的高度转化。因此，教育应该是踏踏实实做事，是对生命的涵养。"润泽教育"是我校做出的教育价值的选择，它反映了我校师生所追求的教育哲学。

润泽教育的育人方式注重"润"。这种育人方式是把学生当作一粒种子，为其创造适宜适性的生态环境，这就是教育的起点，我们教育的意义就在于提供适应的阳光、适宜的土壤和适量的水分，

① 参见［德］卡尔·雅斯贝尔斯：《什么是教育》，生活·读书·新知三联书店1991年版，第44页。

促进生命种子潜能的释放。因此，润泽教育的本质是生命教育，核心是生态的创设。全校师生都将把对人的关注和尊重作为一切工作的出发点和归宿点，践行“润泽教育”，在思想上一脉相承，在行动上同频共振。

（三）抓住微观，与学校的办学定位和特色相匹配

办学理念不是凭空而来，而是应从学校的土壤中生长起来。因此，立足实际，因地制宜、因校而生是办学理念生成的要素。我校前身是北京市五路居第一中学，是城市当中一所普通的中学，始建于1985年，2015年4月，伴随着朝阳区学区化改革，学校与周边的3所小学整合而成一所一校四址、九年一贯制学校。2017年8月，朝阳区教委与中国教育科学研究院合作办学，学校更名为“中国教育科学研究院朝阳实验学校”。我们在传承优秀的文化基础上，结合学校的原有基础、学制特点以及发展潜力，认真分析学校的优势与不足，并融合师生共同的思考和价值追求，明确出与学校的办学定位和特色相匹配的办学主张。

三、解读理念，明晰理念内涵

办学理念是一所学校最持久的魅力所在。我校顺应时代的发展，基于教育本质、学校校情以及对于“润泽教育”文化追求，明确提出“润品育能，筑基未来”的办学理念。这一办学理念融入了我们的理解。

（一）“润品育能”——盈润生命厚度，提高生命质量

古语有云：“德若水之源，才若水之波；德若木之根，才若木之枝。”德与才相辅相成，缺一不可。德为立身之本，才为立身之基。

“品”即人的内在品质、道德；“能”即人的才干、能力。学生的发展应以德为底色，品质纯正；以才辅之，锦上添花。德与才彼此促进，相互营养，丰盈生命厚度，成就生命精彩。

对于“品”的培养，不能以大水漫灌式的说教展开，而应以细水滴灌的方式无声润养。因此，我们认为学生的“品”是教育智慧润泽的结果，通过环境、课堂、活动、家校等多种形式渗透思想品德培养，为学生打造全景立体的学习环境，从而唤醒师生内心深处的美好灵性，提升做人做事的品味、格局，潜滋慢养，逐渐丰盈生命厚度。

“能”的培育同样不能是揠苗助长的尴尬情状，我们以“润泽”为教育核心，就应以灵动无拘的教育，体现生命最舒展的状态。将理解生命现状、尊重发展规律放在首位，全身心投入到对生命的栽培呵护之中，遵循学生现有水平和认知特点组织教育教学活动，让每一个学生在参与和投入中激活潜能，获得能力的提升，提高生命质量。

（二）“筑基未来”——树立未来意识，把握教育方法

现实社会的复杂性与不确定性让我们不得不放眼长远去审视一些问题。国际21世纪教育委员会提出“教育不要‘乌托邦’”，旨在说明教育要具备着眼未来的精神。作为一所基础教育学校，我们的教育同样要具备这种着眼未来的精神。

“筑基未来”是一种思想认识。我们希望学校当中的每一名师生都能有一种未来意识，都能以一种长远的视角、博大的胸怀去审视当下的每一堂课，从而在每一天的工作学习中都能发掘出更多意义，让每一个“今天”都能比“昨天”更加进步一点。这种思想之下的教育才是脚踏实地、朴实无华而具有实效的，才能更好地实现“润品育能”的美好愿景。

“筑基未来”也是一种工作方法。“筑基未来”本身着眼于未来，

而“筑基”一词也包含着在现实的基础上稳步提升的意蕴。因此它连接了我们教育工作的“眼前”与“远方”，是我校落实“润泽教育”的有力指导。这种工作方法下，要求教师要不断学习，提升自我，以更加饱满的热情投入到未来的工作之中。同时，教师要读懂学生，深刻把握教育规律，在施教过程中游刃有余，灵活变通，在成就未来的同时成为更好的自己。

四、践行理念，促进文化落地

理念落地的过程不是一蹴而就的，而是一个慢慢熏陶、逐渐内化的过程。我们围绕“润品育能，筑基未来”这一办学理念，全面建构以“润泽教育”为核心的理念文化体系、行为文化体系、形象文化体系，从而实现理念的落地，推进学校文化建设。

（一）建构以“润泽教育”为核心的理念文化体系

办学理念是学校价值取向的精练表达，也是学校文化的内涵提纯，更是办学行为的“座右铭”。我们以“润品育能，筑基未来”这一办学理念为指引，进一步完善理念文化体系，回答“办一所什么样的学校”和“培养什么样的人”这两个关键问题，确定了“打造一所温润的卓越之校”的办学目标和“润养会思想的卓越行动者”的育人目标。在此基础上，进一步明确“润泽、博雅、睿智、平和”的校训、“崇德尚能，励学敦行”的校风、“教研相长，深思力行”的教风以及“博闻强识，审辨笃行”的学风。这套科学的、完整的理念文化体系凝聚着我们的共识和愿景，指引和把握着我校未来发展的方向。

（二）建设以“润泽教育”为核心的行为文化体系

行为文化是学校所有文化的集中反映，是师生在校全部行为中所表现出的精神状态、行为风范和文化品位，是学校精神、价值观念和办学思想在每个人身上的动态反映。我校致力建设以"润泽教育"为核心的行为文化体系，将"润泽教育"渗透到课程、德育、教师、课堂、团队、家校等各个方面，从而实施"规范自觉，和谐润泽"的润泽管理，建设"贵品渊知，卓能强体"的润泽课程，打造"重思强辨，充满灵性"的思考力课堂，构建"立德敦品，弘毅励行"的润泽德育，培养"教研相长，深思力行"的润泽教师，发展"合作共润，开放共享"的润泽外联……真正让"润泽教育"内化于师生及家长之心，外化于师生及家长之行，彰显学校鲜明的文化特色。

（三）塑造以"润泽教育"为核心的形象文化体系

学校的形象文化体系是最直接、最鲜明的文化表达。它通过可视化的标志或景观将学校的理念和精神传达出来，从而展现出学校润泽美好的形象。我校围绕"润泽教育"，精心去规划和设计环境景观，形成"两园一廊、六景一亭"的文化环境格局。同时，从"润泽教育"出发，打造学校视觉识别系统，设计学校的校徽和吉祥物，达到见校徽和吉祥物如见文化的目的。总之，我们力求让学校的每一处景、每一个角落都闪耀着"润泽教育"的元素，让校内师生、校外之人都能直观感受"润泽教育"，体味文化之韵味。

在对"文化办学"的探索中，我们深刻感受到：办学理念的落地既需要与国家教育改革发展同频共振，也需要与我们的师生同心共鸣。我们希望学校的每一位干部和教师都能达成文化的共识，都能为"润泽教育"的落地做出一以贯之、久久为功的不懈努力，让"润泽教育"成为学校的精神力量，成为我们引以为傲的文化名片。

第三节　定　向
——回答好学校办学的“两问”

美国学者索尔蒂斯说道：“正像每个人都有自己的生活哲学一样，他也应当有自己的教育哲学，那就是一套个人的信念，认为在教育领域内什么是好的、正确的和值得做的。”[①] 每一所学校都应有自己的教育哲学。学校的教育哲学，需要回答学校教育的目标与核心价值等问题。根本上来讲，就是要回答“办一所什么样的学校”和“培养什么样的人”这两个问题。

一、回答好办学的“两问”是学校发展之本

一个缺少共同的目标、价值观与使命的学校，犹如无水之源、无本之木，是很难生存且成长的。明确学校发展共同的目标，回答好办学的“两问”既能凝心聚力，指引师生前行的方向；又能实现学校的个性发展，彰显独特的文化魅力。

（一）回答好办学的“两问”能够明确学校发展方向，形成强大的凝聚力

“我们已经走得太远，以至于忘记了为什么出发。”这是诗人纪伯伦的一句经典之语。一个团队如果不知道要追求什么，要去向何方，就

① ［美］乔纳斯·索尔蒂斯：《论教育哲学的前景》，《国外社会科学》1984 年第 3 期。

如同一盘散沙。同样，一所学校如果不知道要抵达哪里，要培养什么人，就会随波逐流，难以发展。

一些公认的好学校都有着共同的特点，就是在全校师生的心目中根植核心文化和树立共同的、明确的愿景和目标。他们对于"办一所什么样的学校"和"培养什么样的学生"有清晰的认识和方向，而且这种信念和目标不是简单的挂在嘴边或贴在墙上的口号，而是成为师生共同的精神追求，成为他们为之奋斗的方向。

其实，回答好办学的"两问"，就是要在师生心中树立目标和方向，达成共识，形成强大的凝聚力和向心力。"培养什么样的人"指向育人目标，它明确地告诉师生，我们这所学校培养出的师生要具有怎样的品格、素养和能力，从而让教师心有所向；"办一所什么样的学校"指向办学目标，它清楚地告诉师生，我们未来的学校要成为什么样子，我们要抵达哪里，从而让师生身有所往，拥有共同的愿景和期待。

（二）回答好办学的"两问"能够实现学校个性发展，打破千校一面的局面

陈如平教授倡导建设新样态学校时指出："学校要有学校样，一所学校一个样，校校都有自己样。"① 让每所学校拥有自己的文化基因，让每所学校呈现自己的模样，这是学校办学呈现出的最好样态。

学校要做出这种个性化和差异化就要体现有"我"的文化。也就是学校要对普适化的教育思想进行校本化表达，学校对于"办一所什么样的学校"和"培养什么样的人"要有自己独特的理解。正如英国著名的伊顿公学，学生身上体现出的独立、个性、尊严、勇敢、传统、绅士、幽默和优越等品质和精神是伊顿公学长期培养和追求的目标。它

① 陈如平：《新样态学校的理性思考》，《中国教育学刊》2017 年第 3 期。

带有学校鲜明的特质，更是学校一张亮丽的名片。

因此，作为学校管理者，我们要在体现国家意志的基础上，发挥自身的优势，带着自己的教育哲学回答好办学的“两问”，定位学校的办学目标，传达学校的育人主张，探寻学校文化基因的个性图谱，打造独特的魅力气质。

二、达成共识，明确我校办学之“两问”

理念是灵魂，目标是方向。在“润泽”文化的浸润下，对于“办一所什么样的学校”和“培养什么样的人”这两个问题，我校进行缜密且深入的思考。

（一）定位办学目标，打造一所温润的卓越之校

办学目标是一所学校发展前景的生动设计，亦是学校未来要达到的愿景期待。它一旦确定，就能产生强大的感召力和凝聚力，极大地激发出全体成员的工作热情和创造潜能，共同为学校未来的发展贡献出自己的智慧与力量，以此推动学校的内涵式发展。

在“润泽”文化的引领下，我们结合学校的客观实际和未来展望，汇聚全校师生共同愿景，合理分析和定位，将学校的办学目标定义为：打造一所温润的卓越之校。

“打造一所温润的卓越之校”这一办学目标是从文化办学和优质教育两个视角提出的，我们希望学校既有“润泽”文化的品位和内涵，又有优秀的教育质量和办学品质。其中，“温润”即温和柔润，强调文化办学，是指我校将通过实施润泽教育，让整个校园充满温润的氛围，以体现润物无声、春风化雨之愿景。“卓越”即卓尔不群，强调优质教育，是指学校将通过教育教学改革和创新，不断提高学校的办学质量和

办学水平，将学校打造成为北京市乃至全国的一所卓越之校。

总之，我们希望通过"润泽教育"能打造一所温润的卓越之校。这里的学生具有高尚品格，自信乐学、积极进取、包容谦逊、行为雅正。这里的教师具有高尚情怀，用宽容的态度、博爱的情怀对待学生，用温文尔雅、温柔和善的气质和品行感染学生，用渊博的知识、丰厚的学养智慧地唤醒或启发、引导学生。这里的校园具有文雅风尚，注重文化管理，营造尊重、平等、民主与公正的氛围。

（二）明确育人目标，润养会思想的卓越行动者

学生非器非物，乃是鲜活之生命、独特之灵魂。每所学校都应该严谨而科学地定位学校的育人目标，对于"培养什么样的人"有一个深刻的思考和追求。在"润品育能，筑基未来"的办学理念指引下，我校的育人目标定义为"润养会思想的卓越行动者"（见图 2-1）。

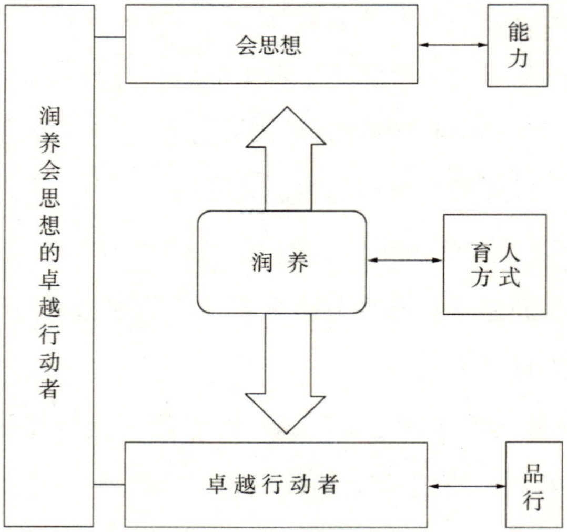

图 2-1　育人目标的对应关系图示

其中，"润养"指育人的方式，强调弥散的、无形的、潜移默化的育人过程。"会思想"指拥有较高境界，拥有较好的思维品质，掌握较

好的思维方法，拥有较强的思维能力。“会思想”起源于发现和提出的问题，通过体验、思考、质疑和感悟等过程，不断形成自己的见解和主张，掌握思维方法，经过长期训练逐渐内化为素养，再经过沉淀形成自己的思想。“卓越行动者”既体现品性与能力的统一，强调内外兼修、知行合一，更指向学校“筑基未来”的教育目标。

在我们看来，“润养”的过程就是一个始于知、终于行、情意为过渡的阶段。因此，我们从认知、情感、意志、行为四个维度，进一步回答“润养会思想的卓越行动者”就是润养“会思想”“有情怀”“敢担当”“能作为”的人。同时，提出“会思想”指向卓越的能力（润能）和渊博的知识（润知），“有情怀”“敢担当”“能作为”指向高尚的品格（润品）和强健的体魄（润体）（见图2-2）。

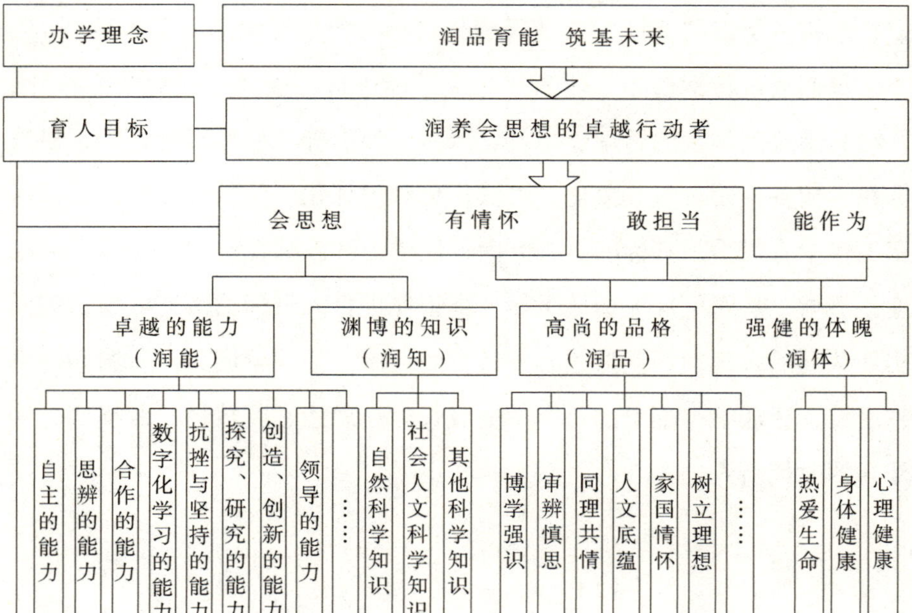

图2-2　育人目标及二级指标的关系图

三、践行办学的"两问"是学校发展的现实路径

要实现学校的可持续发展不能停留在回答出学校办学的"两问"，而是要真正落实这"两问"，让办学目标和育人目标贯穿于整个教育过程之中。

"办一所什么样的学校"和"培养什么样的人"，是学校教育的一个基本的逻辑起点，也是非常重要的归宿。在我看来，学校的所有办学行为和实践都应在办学理念引领下，着力促进这两大目标的达成。

于是，我校在"润泽"文化统领下，以"打造一所温润的卓越之校"的办学目标和"润养会思想的卓越行动者"的育人目标为逻辑起点，建构一个以"润泽"文化及育人目标为价值导向的办学体系。

我们通过将学校办学理念及育人目标进行二级及三级分解和细化，并将其渗透到学校的管理、德育、课程、教学等各种教育行为中，使目标在学校各方面具备具象化、可操作化和可评化，使教师在育人目标落实工作中有抓手、有标准、有方向，使学校和教师在对学生培养上的维度更清晰，从而更好地指导工作，真正促进育人目标的落地生根，进而实现共同的教育理想，抵达心中教育的彼岸。让学校成为一所温润的卓越之校，让从学校走出的每个学生成长为会思想、有情怀、敢担当、能作为的时代新人。

第四节　赋　能

——树立学校的精神坐标

“独立之精神，自由之思想”，这是陈寅恪先生在《清华大学王观堂先生纪念碑铭》中的十个大字。人无精神则不立，国无精神则不强。精神是一个上到国家、民族下到每一个人赖以生存之魂。唯有追求精神的进步，这个国家、这个民族、这个人才能在滚滚洪流中保持本真，持续发展。同样，一所学校也应该有自己的态度和精神。学校拥有自己的独立精神，才能成为独一无二的自己，才能以独立的姿态立于世。

一、每所学校都应树立自己的精神坐标

一所风清气正的学校，犹如一座熔炉，在潜移默化中熔炼品行、凝聚人心、激励成长。相反，如果一所学校没有精神，就会变成一个毫无生命的建筑物的集合，让人感觉到乏味与枯燥。

那何为学校精神？简单来讲，它是由全体师生共同培植的道德、观念、价值、行为等取向；它是学校的一种“教育场”，决定着学校的校训、校风、教风和学风；它赋予学校特有的个性魅力，是学校师生凝聚力、向心力和战斗力的“核动力”。

树立学校自己的精神坐标，可以赋予学校特有的文化属性，对内凝

聚人心、统一思想，对外还可以展示学校的精神风貌。在我们看来，每一所学校在其发展历程中，或多或少都拥有自己独立的思考、秉持的精神以及共同的行为，将这种无形的文化汇聚起来，树立成共同的精神坐标，其作用是难以估量的。

这股力量会成为凝聚师生智慧与力量的强大磁场，以最深刻、最微妙的方式进入师生心灵深处，唤醒、激发师生崇高的情感和强烈的进取心，并在潜移默化中影响他们道德的完善、行为方式的选择以及价值观的形成，从而形成强大的发展"合力"。它会让师生的奋斗变成自主、自发的，每个人都愿倾其所能，竭尽全力。可以说，这样的奋斗充满生命的激情，充满团结的活力，也充满人性的光辉。

二、让"一训三风"成为指引师生的精神坐标

筑牢思想根基、树立精神坐标是学校文化建设的首要工作。作为校长，要善于运用学校精神凝聚人心，锤炼团队，提升办学品位，促进内涵发展，形成"不用扬鞭自奋蹄"的良好氛围。其中，围绕办学理念，明确学校的"一训三风"就是筑牢思想根基、树立精神坐标的关键。

"一训三风"即校训、校风、教风和学风。透过它，可以直观到学校育人的思想、发展的理念、兴校的智慧、内在的品质。我校在"润泽教育"核心文化的统领下，结合实际，因地制宜，进一步明确"一训三风"，树立学校的精神坐标，营造学校风清气正的文化氛围。

（一）立校训，当勉励

校训有训勉、鞭策之用。它是对学校历史和文化沉淀的提炼，传达出学校所倡导的价值取向，教导着师生为人处事的哲学。我校在契合时代发展的价值取向基础上，依据"润泽教育"，结合学校对师生的期待

和愿景，将校训确定为：润泽、博雅、睿智、平和。

“润泽”有两重意蕴。一是指内化于心的品性，二是指弥散性的、渗透性的力量。以润泽入校训，一方面期望全体师生能够向内锤炼自身品性，另一方面则点出我校独特的教育途径和手段——追求春风化雨、润物无声的教育。

博雅、睿智、平和，乃是润泽“内感”意义之下的三种品性。“博雅”为学识渊博、品行端正。博是一种智慧，雅是一种涵养，学校希望师生把博雅作为一种追求，不断完善自身，以广博的知识、端正的品行去学习、生活，用开放的心胸成就广博、雅正。“睿智”指的是心智的成熟。学校以教育滋养学生，以今日的教育扩充其思想，拓展其眼界，使其聪慧并富有远见，拥有创造自我未来的能力。“平和”则强调心境的豁达，平和、宁静、温和、不偏激。学校提倡以平和的心态面对世间万物，即以淡定从容应对纷扰，以平静豁达面对成败，以气定神闲迎接荣辱，做到真正掌控自己的情绪，享受心灵的自在和静水流深的大气象。

（二）树校风，展风貌

校风即学校风气，它是一所学校师生共同的思想、行为和作风，是学校师生精神风貌的集中反映，是一种无形的力量，也是一种有效的教育因子。我校基于“润泽教育”和学校实际校情两个方面，将校风确定为：崇德尚能，励学敦行。

“崇德尚能”强调修身立德，锤炼能力。我校勉励师生要时刻反躬自省，注重修身养德，同时也要重视能力的提升，不断提高学习能力、创新能力、实践能力、交流能力和社会适应能力等必备能力，练就一身真本领。

“励学敦行”强调奋发学习，知行合一。我校勉励师生要勤奋读书，广博求知，大胆求索，提升自己的知识水平。同时能够做到学做一体、知行合一，将自己的所学所知应用到实践中，用知识去解决实际问题。

（三）明教风，亮师采

教风即教师风范，它是教师在道德、才学、作风、素养及治教等方面的集中反映。可以说，好的教风是学校生存和持续发展的不竭动力之源。基于学校"润泽教育"文化，结合新时代教师的使命与担当，我们基于"知"和"行"两个方面提出的教风为：教研相长、深思力行。

"教研相长"强调以研促教，教研合一。我校倡导教师要注重自身的专业成长和自我素养提升，既要精通教理，强化理论素养；也要精湛教艺，勤于学习，锤炼自身的教学风格；还要潜心教科研，注重教研结合，以研促教，实现由"教书匠"向研究型教师的转变。

"深思力行"强调深入思考，实际践行。我校倡导教师要做到勤思深思，对知识不但要知其然，而且要知其所以然，善于用发展的视角、多种思维方式去看待问题、分析问题和解决问题；同时要做到身体力行，勇于实践，将所思所想落实到行动中，不做空想派，要做实干家。

（四）正学风，促成长

学风即学习风气，是学生对待学习的思想态度和行为表现。好的学习风气可以使学生在潜移默化中受到启迪和教育。以"润泽教育"文化为核心，我们从"学、知、思、行"四个维度明确学风为：博闻强识、审辨笃行。

"博闻强识"强调学在广博，知在丰富。我校倡导学生不要"死读书、读死书"，而是要乐读书、会读书，要开阔视野，广博求学，丰富真知，积淀自己的文化底蕴，把广博和深精结合起来，做到厚积而薄发。

“审辨笃行”强调审视辨别，努力践行。我校倡导学生要有审辨式思维能力，运用科学和理性的思维方式认识事物，解决问题，指导行为；同时注重培养学生的综合实践能力，包括动手实践、沟通协作等核心能力，让学生将所学应用到实践中，做到学有所用。

总之，我校“一训三风”是“润泽教育”核心文化下，针对学校的精神面貌、教师教育言行和学生学习言行基本特征的凝练表述。它们一方面联结办学理念，一方面进一步衍生细化至学校建设、教师和学生发展的精神和言行层面，使其具体化，从而更好地体现和推动学校文化的建设。

三、践行“一训三风”，让精神牢牢扎根

“一训三风”是学校的精神根基，只有全面落实，才能夯实学校文化建设。那么，如何才能使我校的“一训三风”落地生根呢？我认为可以从四个方面尝试践行。

第一，制定校规校纪，规范师生言行。校规校纪是学校“一训三风”的一个小的缩影。我们要根据“一训三风”去定义校规校纪，使其既规范师生的言行，又体现学校的精神风貌。

第二，学习先进典型，强化师生认同。“一训三风”引领学校的精神风貌，如果学校师生不认同，那么它也就失去了核心作用。为此，学校应通过发现先进典型、赞扬先进典型、学习并宣传先进典型，用他们的真人真事感召师生，发挥引领示范作用，引导师生对优秀风尚的追求，从而形成由点到面的全面辐射，达到对学校精神的认知及认同。

第三，开展育人活动，引发文化共振。教育的目的在于育人，而育人活动是非常重要的载体。作为学校，可以开展一系列的文化主题活动

或价值观培训活动，比如，“一训三风”主题教育活动、“文化节”成果展示活动、学校文化培训等，让师生在共读文化中增强对学校文化的自豪感，引发文化共振。

第四，家校合作共育，践行学校精神。学校精神对内凝聚人心，强化内涵建设；对外展示形象，提升影响力。家校共育，可以更好地践行学校精神。学校要全面整合家长资源，通过开展“班级开放日”“办学开放周”“家长满意度测评”等活动，鼓励家长走进校园和课堂，亲身参与到学校文化建设中来。这样不仅能涵养学校文化，还能传播文化，彰显精神，提升学校综合影响力。

如果把学校比作一棵大树，那么学校精神就是深藏于沃土之下的根。只有根基扎得深，立得稳，学校才能立如磐石，直面风雨，茁壮成长。我校怀揣着初心和理想，精心培育学校精神，践行“一训三风”，让学校精神之根深扎于文化的土壤中，润养师生成长，引领学校卓然前行。

第三章 文化管理：实施“规范自觉、和谐活力”的润泽管理

本章深入探讨学校文化管理，从管理文化、管理机制、管理制度三方面体现校长治校的管理之道。

第一节　“润泽管理”文化引领学校走向新发展

“管理是一门关于人的学问”，它讲究实际、重视成效，同时富有艺术性。文化管理之于学校，是办学质量的重要保障。一所学校的开启，往往伴随着一种管理文化的延伸。我深知，想要引领学校走向新发展，便必然需要打造出符合时代潮流、蕴含办学理念的管理文化。唯有如此，才能为学校带来机遇，进而使其走出内部治理的困境，迈向教育新台阶。

一、站在文化的高度，思考管理的核心

有人把管理当作一种居高临下的命令，也有人把管理当作一个普通的岗位，还有人把管理当作一生追求的事业……于我而言，管理是一种情怀，一份担当，也是温暖生命、触摸心灵的一个契机。

管理可以为集体工作人员谋划和保持一个能使他们完成预定目标和任务的工作环境。好的管理就是一种好的氛围，那么，什么样的管理才适合学校的发展呢？

我国中小学管理实践领域经历了不同的发展阶段。对于学校管理，有人这样划分，一是人治，就是领导管理，强调用情治校；二是法治，就是制度管理，强调依法治校；三是文治，就是文化管理。[①] 当下，文

① 参见蒯红良：《浅谈治校之道——学校管理工作中的“人治”“法治”与“文治”之我见》，《内蒙古教育》2016 年第 21 期。

化管理的理念已经渗透到社会各行各业，并且逐渐成为现代学校管理中的主流范式。同时，这也是我校在办学管理方面所追求的最高境界。

学校无小事，事事皆育人。学校管理的核心实际上是指对"人"的管理，即处理、协调各种人际关系。学校管理者的根本任务就是为每一位教师、每一名职工、每一个学生的个人进步与发展创造更大的空间和更好的机遇。而文化治校能够触及每个人的内心深处，给人带来愉悦的感受、丰富的体验以及深厚的底蕴。只有受到尊重、信任和理解时，人们才会自觉遵守规章制度，自愿接受约束，形成有效管理。

从文化的高度出发，管理就会变得更有深度，更易于让人接受。文化虽然看不见，但却能感知到；文化虽然摸不着，但却能够指引人们的价值观和行为。管理文化是学校长期实践经验的积淀，它渲染师生的生命底色，让师生的生命充满生机、彰显灵性；它守望管理者的教育初心，让其在教育之路上潜心育人、用心耕耘。

二、以文化管理为抓手，激发学校办学活力

学校的生命力源于有效的管理，而校长是团队管理的主力。苏霍姆林斯基曾说："校长对学校的领导首先是思想的领导，然后才是行动的领导。"作为一名校长，我十分赞同这一观点。同时，我也清楚思想的领导需要文化的支撑，管理文化作为学校文化的重要组成部分，对学校的发展起着举足轻重的作用。

任何一所学校管理文化的诞生都有其缘由。我校由四校合并，后与中国教育科学研究院实现合作办学，并更名为中国教育科学研究院朝阳实验学校，目前由四个校区组成。我校以"润泽教育"为教育哲学，在"润泽教育"的统领下以"润品育能，筑基未来"为核心办学理念，

实现打造一所“温润的卓越之校”的办学目标和润养“会思想的卓越行动者”的育人目标，师生积极向上，学校蓬勃发展。

与“润泽教育”相适应，结合原有校区既有的文化传统和价值取向，我校构建了“润泽管理”体系，通过建设科学的人文机制，形成一种无处不在、温润尔雅的文化磁场，渗透到每一位师生的工作、学习与生活中，实现全体教职员工自觉行动，自我管理，自我发展，其最终目的是实现“规范自觉、和谐活力”的管理文化，即发展而非约束，自由而非制裁，完善个性、显现智慧、舒展心灵，而非训练、塑造和强制，从而构筑师生的精神家园。

管理文化虽然看不见、摸不着，但却时刻以理念的深邃、实践的新颖，为办学注入新的活力，使我校从理念到模式，从策略到方法，都有了进一步的丰富和创新，促进了学校向着“润泽教育”的理想境界迈进。

三、完善内部治理结构，促进学校内涵式发展

“合抱之木，生于毫末；九层之台，起于累土。”万事万物皆起于忽微，需要一步一个脚印地去完成，这是事物发展变化的客观规律。我国中小学内部治理结构的不断完善同样是一个循序渐进的过程。

随着社会的发展，人们对教育的重视程度越来越高，学校管理活动的自主性、复杂性和权利义务关系的多样性显著增强。然而，在旧有的学校内部治理结构框架之内，学校的改革和创新可能会走入困境，从而制约教育的进一步发展。比如，学校内部的权力分配、校内各组织机构的权利与义务的明晰和落实等方面都还存在着一些问题。

面对这些学校内部治理的困境，我们应该如何破解？又该如何推进

学校治理能力现代化？这些问题时刻萦绕在学校管理者的脑海。我们也在"润泽管理"理念的引领下、在办学实践的不断探索中，找到了适合自己的新出路。

一是建设优秀的管理团队。学校领导干部是办学理念、育人目标的执行者和督办者，在学校管理中起着至关重要的作用。因此，建设一个优秀的管理团队显得格外重要。管理团队的每一个成员都应具有扎实的工作作风、认真负责的工作态度，努力做到想管事、能管事、管好事。在管理上，既要明确分工，又要团结协作，共同为学校的每一个成员服务。

二是实施有效的激励机制。学校既是教书育人的知识殿堂，也是展示自身才华的舞台。实施激励机制，能够有效激发教师的竞争意识，由压力产生动力。学校要让有理想的教师努力拼搏，有才能的教师得到更多机会。坚持多劳多得，按劳分配，按专业水准分配，促使教师不断成长，教学质量不断攀升。

三是立足精细的制度管理。在管理过程中精细，不放过任何一个环节；在管理的层面上精细，不留下任何一个死角；在立体管理上精细，注意责任分工和监督落实。学校管理从细微处着手，有利于营造事事有人管、人人有事管的管理态势。

四是营造和谐的人文环境。领导干部、教师和学生都是学校的一份子，学校管理应公平民主。通过校务公开、公开查账、教师和学生参与学校日常管理等活动，充分调动他们的主人翁意识，学校要将长期的文化积淀和管理经验提炼出来，创造出更加和谐的氛围，使学校的内部治理上升到更高的层次，推动学校向现代化转型。

在此基础上，我校进行了组织架构的重塑、运行机制的重建、评价体系的重构等方面的改革，并在实践探索中取得了丰硕的成果，使我校

“润泽管理”的理念得到深化落实，在严整的组织机构和严密的制度保障中，促进管理工作的规范与自觉；在系统有序的深入引领与培训中，有力激活主体的积极性和创造性，推动了学校治理水平的提升。

学校的文化管理是实现师生主体价值提升和全面自由发展的手段，同时实现文化管理是一个漫长的过程，只有解放思想、更新理念、达成共识，才能实现文化的高位引领。我校师生在似水般的润泽管理文化之中，感受渗透式的熏陶和引导，学校的价值和观念，将如涓涓细流，缓慢流入全体教职员工的心田。“路漫漫其修远兮，吾将上下而求索。”在文化管理的完善与实践中，中国教育科学研究院朝阳实验学校将不遗余力，砥砺前行！

第二节　学校组织架构及运行机制的变革与创新

《韩非子·五蠹》中有言：“不期修古，不法常可。”这体现了一种求变求新，追求发展的精神。面对传统管理模式无法匹配多址办学现状的难题，各中小学的办学管理者都在积极寻找解决途径。在此大环境下，我校“以不息为体”，立足一校四址的实际情况，紧跟教育发展潮流，建立新的扁平化管理模式和运行机制，在组织框架与管理机制方面进行了有效变革，缩短了管理流程，形成了管理特色，进而提升了管理效率。

一、立足实际，探索有效的管理方式

现代意义上的管理，都要通过管理模式来进行。毫无疑问，任何一种管理模式的实施，都取决于学校的实际情况，要根据学校规模、发展规划等进行多方面的现实考量。所以，选择一种适合学校发展的管理模式便显得格外重要。

在我校原有的层级管理模式中，组织架构较为复杂，由上至下传达政令耗时较长、效率较低且不够精准。在管理机制方面，按照中、小学段划分，割裂了中小学衔接的纽带，不利于中小学阶段的顺利过渡。

"不驰于空想，不骛于虚声。"凡事都要从实际出发，脚踏实地地去做。近年来，我校逐步完善和规范制度建设，坚持依法、民主治校。然而，面对四校区多址办学的现状，如何实现管理一体化，课程有机衔接，教师有序流动，进一步提高管理效率与效能，充分发挥教师的民主意识，增进和谐与稳定等问题，尚需联系实际，按照教育治理的基本精神，重新架构组织框架，调整管理制度，进行扁平化管理模式的变革，并在此基础上确立了符合自身办学实际的治理机制。

那么，我们为什么要选择扁平化管理模式呢？著名管理学家德鲁克给出了答案，"组织不良最常见的病症，也就是最严重的病症，便是管理层次太多，组织结构上一项原则是，尽量减少管理层次，尽量形成一条最短的指挥链"。相对于传统的"金字塔"式管理而言，扁平化管理模式的优势在于，它压缩了管理层级，拓宽了管理幅度，更加适合规模较大且多址办学的学校，能够推动管理工作的有效展开。[①]

① 参见董梅:《学校"扁平化管理"机制建设研究——以金马公学为例》,《现代教育》2020 年第 4 期。

第一，流程的简化能够提升管理效率。比如，年级主任工作在教育教学一线，能够最先听到来自老师和学生的真实意见和建议。年级主任拥有决策权可以根据情况迅速做出精准调整和决策，决策后立刻实施。真正做到了实事求是，解决真问题，提高教育教学实效。

第二，能够真正做到以学生为本。教师的业绩体现在学生的成长上，在理念和行动上做到以学生为中心开展各项工作。每一个老师做事时不再问领导是否满意了，而是要问家长和学生是否满意。

第三，教育教学和后勤服务部门是得力保障。学校实施扁平化管理模式，会使学校原来的行政部门职能与角度发生改变。当出现问题时，行政部门会及时协助解决，服务意识的增强保障了管理工作的有效运转。

第四，极大地提高人的积极性。扁平化管理模式不仅对学校的整体工作提出了更高的要求，也对全体教师提出了更高的期望。例如，通过年级直接聘任，解决老师中教学水平还可以但工作态度不够投入的问题，使老师们能够全力以赴地开展教育教学工作。

学校的规模有大有小，发展规划各不相同。作为校长，要结合学校自身的特点，确定合理适用的管理模式，帮助学校实现现代化转型。在多址办学的情况下，扁平化管理模式是我们的首选，它顺应我校变革发展的实际需求，符合师生及家长的共同愿景。因此，自并校以及更名以来，随着办学规模的扩大，我校进行了大刀阔斧的改革，从实行中小衔接九年一贯制到扁平化管理，改革逐步推进，工作稳步发展。在扁平化管理的实践过程中，我们紧抓管理核心，得到了学校全体人员的积极响应，以组织架构与管理机制为初始点，破旧立新，与时俱进。

二、破旧立新，重塑组织架构

教育现代化的步伐在逐渐加快，最显著的标志就是学校规模的不断扩大。许多中小学校长深感，旧有的层级式组织结构愈发不适合多址办学，开始试图从组织创新着手，塑造出全新的组织架构，为实施扁平化管理迈出第一步。

没有创新就没有发展，没有突破就没有进步。近两年来，我校有了很大的变化，学校的师资力量愈发雄厚，学生数量迅速攀升。学校规模的逐渐扩大给我们的管理带来了新的挑战。根据我校目前一校四址的布局，原组织架构层级设置过多，按照旧有的层级管理模式管理学校会导致信息递减和政令不畅，甚至可能影响学校的可持续发展，如图 3-1 所示：

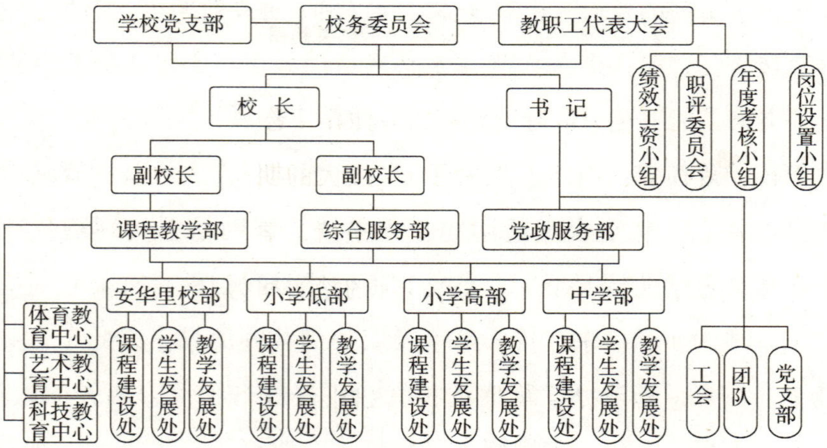

图 3-1　学校原有组织架构图

歌德说过：“不断变革创新，就会充满青春活力；否则，就可能会变得僵化。”为了跟上现代化教育的脚步，学校在组织架构方面进行“扁平化”改革，建立“校长书记—学部主管—年级主任”的三层管理体制。在管理体系上，学校采取了条块穿插的方式，"块"是校区，"条"是四个中心。"条"制定方案，办公会研究决定，"块"负责落实管理体系，考核实施校区和中心双重考核的办法。这样，压缩原有的组织层级，划小管理单位，将学校组织架构升级为 2.0 版，使职责更加清晰明确，更有利于调动基层积极性和创造性，降低管理成本，提高管理效率，如图 3-2 所示：

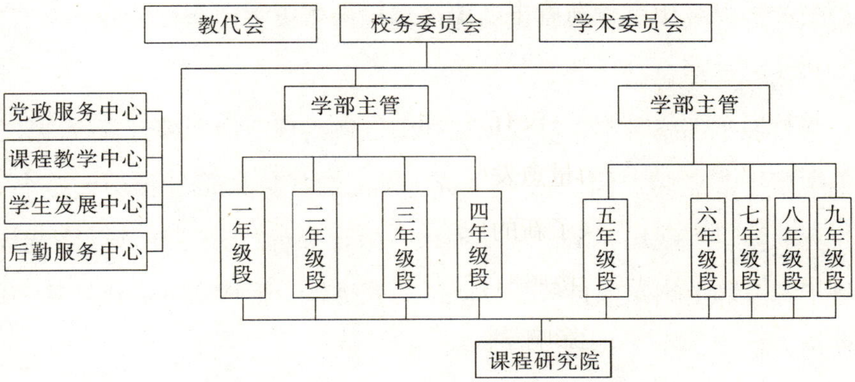

图 3-2　学校现有组织架构图

在学校"扁平化管理"理念的引领下，老师、学生、家长作为学校教育的主体对象，对学校发展寄予了极大的期望。只有扁平化管理稳步有序推进，教师才能有教学的热情和激情，学生才能有学习的兴趣和信心，家长也才能有把孩子放在学校后的踏实和安心。

三、与时俱进，重建管理机制

孙中山先生有一句名言："世界潮流，浩浩荡荡，顺之则昌，逆之则亡。"我们做任何事情都要顺应时代浪潮，立足自身实际特点。随着"扁平化管理"改革的推进，我校重新修订了管理机制，让新的机制九年贯通涵盖全体教职工，通过机制的导向作用唤醒教师们的奋斗目标和职业方向。经学校教代会修订的十大治理机制包括：

（一）年级主任负责制

年级是养成教育与课程研发的"主阵地"和育人质量提升的"主战场"，管理重心下移，就是给年级主任赋权，年级主任是一个"小校长"，责权利要一致。年级的教师聘任权、评价权、学生及家长管理权、年级的财务权、育人质量的保证等均由年级主任全权负责。

（二）干部竞聘上岗制

为打破干部终身制，学校依据朝阳区教委规定的干部管理权限，开展了中层干部竞聘上岗，三年一届，择优选择。竞聘过程历经报名自荐、竞职演讲、现场答辩、民主测评、综合评价打分等环节严格选拔。通过干部竞聘上岗，保持了干部队伍的先进性，形成富有生机和活力的选人用人机制。

（三）教职工岗位双向聘任机制

为激发教师队伍的活力，学校每学年干部教师工作岗位的安排实行了双向聘任制，学校和中层干部岗位双向选择，中层干部和教师岗位双向选择。2019 年 7 月的岗位双向聘任中，学校向家长代表开放课堂，首次由学生和家长一起参与了学校聘任，通过教职工双向选择聘任制，增强教职工的竞争意识，促进教师队伍的优化和稳定，把合适的人放到适合的岗位上，利于团队内部的融合与规范自觉。

（四）岗位实施责任制

学校从校长到职员的每个岗位都有明确的岗位职责和岗位说明书，明确规定了各个岗位的工作职责。岗位责任制实施，将责任落实到学校的每个人，达到事事有人负责的目标，有效促进学校各部门高效运转。

（五）工作过程督查制

为守住管理的底线，学校党政服务中心承担着对各年级、处室的督查工作。各年级、处室承担着对自己所管理人员工作过程的督查。工作过程督查制的建立，确保了学校重大决策部署和重点工作的贯彻落实和管理标准的统一，规范了学校教育教学管理流程，推进了现代化治理体系建设。

（六）工作失误实施问责制

学校制定并实施《岗位履职问责办法》。问责工作由行政领导班子按照职责权限，追究在学校教育教学及其他工作中失职失责人员的主体责任、领导责任和监督责任。通过下达问责记录单的形式，落实有权必有责、有责要担当、失责必追究的原则，分级负责、层层落实、惩教结合。问责办法的实施强化了每个人的工作责任心，有效减少和杜绝了各类不作为、慢作为、乱作为等行为的发生。

（七）利益分配量化积分与绩效制

学校出台了一系列与利益分配相关的机制，如教师职称评审方案、职称岗位晋级评审方案、年度考核方案、骨干评选方案、优秀班主任评选方案、教师绩效工资发放方案等相关的管理机制，采取了量化积分的办法。每一项方案都是由教师本人依据各种方案自评，我们称教师这个自评的过程是自己做自己的 CEO，学校各类评价小组核定自评分数，再公示分数，依据名额的多少确定相关人选。这些方案的实施加强了学术的引领，淡化了人情关系与行政干预。

（八）多主体实施评价

教师职称评定、年度考核、干部评选等各项与教师利益相关的评价和利益分配制度，都有不同的实施主体。

（九）全员参与的分布式领导

每位教师在教书的同时，都有育人的责任，担任学生的成长导师，负责本年级的学生服务的各项工作。

（十）各项机制“九年一贯”打通

学校实施中小学一体化管理，九个年级的运行机制、管理标准、评价标准都一致，保证中小衔接的有效实施。

定责授权，层层落实。扁平化管理模式与合理的机制建设为学校带来了蓬勃生机。正所谓“苟日新，日日新，又日新”，管理上积极探索、大胆变革带来的成效为我校进一步发展提供了坚实而有力的保障。在管理工作中，我们将继续努力，坚持以人为本的管理主张，站在被管理者的角度，将日常工作落实、落小、落细，成就每一位教职工、每一名学生，使管理孕育生命之思想，焕发生命之活力！

第三节　重构教师评价管理，助推教师专业成长

教师评价体系构建是学校治理现代化的关键之处和重心所在。作为一所2015年新整合的九年一贯制、一校四址的学校，教师有着不同的原生学校文化，迫切需要构建有效的教师评价体系来提高教师的学校认同感与教育教学水平。五年来，我们在学校治理现代化和现代学校制度相关理论的启发下，逐渐凝练出一套行之有效的教师评价体系，实现了教师和学校的协同发展。

一、明确教师评价体系的三大理念基础

我校教师评价体系的构建有着较为明确的理念基础，在坚持立德树

人的价值取向，本着“学校权力”和“教师利益”之间的融合统一，以程序正义保证评价公开三个基本理念的规约下，我校教师评价体系的内容与落实更加科学，教师发展潜能得到有效激活。

（一）以立德树人为价值取向的评价指标

教师评价的目的是引导教师在教育教学实践中落实立德树人的根本任务。对任何一所学校而言，教师既是群体概念又是个体概念。对作为群体概念的教师而言，学校坚决以落实立德树人实效作为评价方向，破除以考试分数或者发表文章数量等某一个方面来替代其他方面的“唯分数”“唯论文”倾向，具体体现为关注教师在学生全面发展过程中所发挥的促进和引导作用，将师德表现、育人理念、专业精神、工作作风、团队意识、沟通能力、科研创新能力、课程研发能力、课堂教学水平、育人效果等作为基本的评价指标。对作为个体概念的教师而言，其总是隶属于某个具体的岗位、从事着具体的工作，因而在立德树人的基础上，学校又根据教师个体的状况将上述评价指标进行项目式组合和不同赋权，以实现有针对性的有效评价。

（二）以共同利益为现实基础的评价方案

我们以教育理想号召和引导教师，但并不以理想绑架教师。因此，学校基于基本人性的考虑，切切实实地将教师利益作为教师评价体系方案设计的现实基础。一方面，学校把国家社会对教师的要求体现在评价方案中，并根据实际情况加以具体化和操作化，彰显“学校权力”；另一方面，学校切实考虑评价方案与教师切身利益的高度相关性，努力寻找“学校权力”和“教师利益”之间的共同利益，将教师的个人需要与学校的集体需要巧妙地融为一体，从而切实推进教师评价工作的有效实施，并构建起教师与学校同心、同德、同力的命运共同体。

（三）以程序正义为保证的贯彻落实

制度的生命力在于执行，再好的制度，如果没有被贯彻落实或者执行中出现了偏差，那么也难以说这种制度是有效、有用的。学校在贯彻落实教师评价方案时，主要抓住两个关键节点来保障评价工作的公正公平，维护教师和学校双方的合法权益。一是各类评价主体严格按照评价方案中的规定程序实施，以程序正义确保评价公正；二是落实教师申诉制度，畅通申诉渠道，以程序正义确保评价公开。

二、全面规划教师评价体系的实施策略

为了使我校教师评价在实践中得到成功运用，我校全面规划了教师评价体系的实施策略，主要包括评价之前的项目及其相应指标的设计、评价之中的主体及方式选择，以及评价之后的结果使用三方面的内容。

（一）评价项目：多元化适切性

教师评价制度要切实引导各个岗位、各类教师落实立德树人的根本任务。因此，学校依据不同的岗位、同一工作岗位的不同任务和不同工作的特点，设计了多元化的评价项目（见表3-1），保证评价项目的适切性。

表3-1　中国教科院朝阳实验学校教师评价项目

	评价项目	具体类型
1	综合类	教师职称评审、年度考核、各级各类骨干的评选与推荐、岗位双向聘任、优秀年级组及处室评选、杰出贡献奖、年度人物评选、师德考核
2	德育类	优秀班主任评选、优秀班集体评选
3	教学类	教学常规考核、润泽杯课堂教学大赛、希望杯青年教师课堂教学大赛、优秀教研组评选、优秀导师评选（学科或班主任）、教学质量考核、工作量考核

续表

	评价项目	具体类型
4	课程类	优秀社团辅导奖、突出贡献奖
5	党建类	优秀党员评选、五四青年先进个人评选、干部年度履职考核、干部竞聘上岗考核、优秀党务工作者评选、优秀党支部评选、“润泽”青春榜样评选、优秀干部评选
6	科研类	校级优秀教学成果奖评选、优秀论文评选、优秀科研成果评选
7	保障类	安全考核、考勤考核、优秀服务者评选、优秀宣传员评选

这些评价项目的设置并非固定不变，而是在实施过程中不断完善，其间有删除，有增加，也有合并。截至目前，这些项目基本覆盖了学校工作的方方面面，激励着每一位教师在各自岗位上创造性地开展工作。

（二）评价指标：多维度组合式

不同的评价项目表达着我们对该项目教师素质的不同要求和期望。多维度组合式的评价指标是不同要求和期望的实施载体。我们参照学校的整体目标，确立学校各项事业的发展目标，进而落实为各个岗位职责，然后将教师评价指标与岗位职责相匹配，经过不断调试和优化，最终确立了不同评价类型所需要的评价指标模块与元素。

为了提高评价指标体系的效率和精简度，我们根据教师类型和学术相关性，把七大评价项目分为四个评价类型：对一线教师与学术相关的评价，对一线教师与学术无关的评价，对非一线教师的评价，对中层以上干部的评价。每一类评价采用一套评价指标模块，每个模块包括不同的评价元素。

例如：对第一类一线教师与学术相关的评价，评价指标模块为“业绩＋个人学术能力＋与评价项目相关的其他指标”。若用于“教师职称评审”综合评价，则业绩主要指在规定时间内取得的荣誉称号、教育教学成绩、辅导学生的获奖、校本课程研发成果、各级教学成果奖等；个人学术能力指在规定时间内个人所研究的课题、发表及获奖文章、优质课及公开课、教学常规的考核成绩、教师民主测评成绩、学生评教成绩；与评价项目相关的其他指标是指学历、教龄、任现职年限、班主任工作年限等元素。若用于“润泽杯课堂教学大赛”单项评价，则只需“个人学术能力”一项，且这里的学术能力是指课堂教学能力，具体包括教学目标的清晰度、问题设置的科学性、学生思维的活跃度、学生思维深度、学生参与广度、课堂生成程度、学生的应用能力等元素。

对于一线教师与学术无关的评价，如工作量考核、安全评价、考勤等则确定最低标准，守住管理的底线，直接与绩效工资挂钩。对于非一线教师和中层以上干部的评价体系，采取“工作业绩＋服务对象满意度”的评价模块及相应的评价指标元素，并进行量化积分。

为确保评价指标体系的公平、有效，所有的评价类型所涉及的指标模块及相应的指标元素，其确立和被赋予的权重都必须通过不同评价项目涉及的教师群体反复讨论，并履行教职工代表大会程序予以确定后方可实施。

（三）评价方式：分层分类多主体

由于学校为九年一贯制，且一校四址，而教师评价是全校统筹考虑，这就有可能出现学校内部不同团队之间因相互不了解而导致评价失真。此外，当前的学校管理体制中依然存在层级，那么如何处理好自评、他评、年级评、校部评及总校评之间的关系？如何避免评价过程中可能出现的拉票、串票等不良现象？为了解决上述问题，我们在对现实充分考虑的基础上探索出分层分类多主体的评价方式。

分层就是学校内部按照工作管理的权限不同实施分层评价；分类就是依据不同的岗位特点和所处不同团队的具体情况，按照岗位特点相同或相近的标准划分成不同小组来实施评价；多主体就是不同的评价项目和同一评价项目不同的评价层级要由不同的评价主体来实施。

（四）评价结果：三方面综合利用

教师评价不仅仅是对教师进行考评，也是对学校工作的评价。概而言之，一份结果，三种使用方式。首先，评价结果及其公示，有助于全体教师具象地理解工作标准，将优秀的工作同优秀的教师联系起来，区分出先进教师、普通教师或不称职教师的差异，为教师提升自我提供了具体榜样。其次，评价结果将甄别出优秀的工作和有问题的工作，以作为激励教师的客观基础，更为学校有针对性地帮助、引导教师成长提供了现实依据。最后，学校秉持“教师的问题就是学校工作的问题”的原则，与在业务、思想等方面尚有很大提升空间的教师谈话，听取他们的“抱怨”“吐槽”，反思学校在教师长远发展方面的设计与安排是否有问题，勇于承担并予以修正，把每一次教师评价工作转化为优化学校教师发展体系的绝好机会。

三、评价实施中妥善处理四对关系

真实的教师评价工作是非常复杂的，要面对纵横交织的关系局面。我校及时总结经验，找到了在评价过程中必须高度关注的“四对关系”，以及在处理不同关系中的方式方法。

（一）团队评价和个人评价之间的关系

学校评价项目的设置不仅仅是对教师个人进行评价，还是对学校内部的团队进行评价，比如：优秀学科组评价是为了引导学科组成员一起研究，避免教师单打独斗，保证课程实施的质量。因此，在评价优秀学科组的评价指标体系上，我们设置了学科组的研究课题考核、研究成果、集体备课及作业批改的质量、检测成绩、组内教师讲公开课情况、发表和获奖论文数量等指标，鼓励教师为学科组发展做出自己的贡献。优秀学科组的评价成绩会被赋予一定分值计入团队成员的年度考核成绩及职称评定量化积分当中，同时，团队内每一个人奖励同样数额的绩效工资。这样就使团队评价和个人评价关联起来，形成一个管理的闭环，促进教师个人需要和团队发展需要的融合，促进教师心态与团队氛围的融合，从而引导教师将个人价值追求与团队价值追求融为一体。

（二）自我评价和他人评价之间的关系

虽然教师评价指标体系在设计过程中有教师的全程参与，但指标体系对教师而言总归是外来之物。如何让外来之物内化于心？我们采取的方式是将教师自我评价与他人评价结合起来。但教师自我评价并不是根据自己的意愿来评，而是包括教师对教育教学过程的自我评价与反思、教师的个人岗位履职述职的自我评价与反思以及教师按照评价方案进行自我量化积分的结果三个部分。教师自我评价再结合分层分类评价中其他主体的评价结果，最终汇成完整的教师评价结果。自我评价帮助教师正确地认识自我，培养自我反思的意识、习惯和能力。自我评价和他人评价有机结合，评价结论和建议才能够真正被教师接受，才能最大限度地激发教师自我改变，使其在评价过程中获益。

（三）定量评价和定性评价之间的关系

我们根据具体项目来确定实施定量评价还是定性评价。在涉及对教师利益分配且竞争比较激烈的高利害性评价项目上，定量评价显得更有优势，如教师职称评审和骨干评选。但每年的教职工岗位双向聘任，由相关负责人根据教师上一学年的综合表现和工作业绩进行定性评价，实施岗位聘任，实际效果非常突出。

（四）“九年一贯制”学段之间的评价关系

“九年一贯制”要求贯通式培养，进而要求评价项目、指标体系及评价方案都尽可能坚持九年贯通，以引导教师育人方式的衔接。同时，作为一所独立的学校，教师评价理应保持一致性，但是一致并不是相同。九年一贯制学校中不同学段和年级的特点各不相同，因此，教师评价在保持方向、原则和立场一致的前提下，必须在具体指标及其内涵解读上有所区别。比如：“优秀班主任”的评选，在小学低年段，指标体系注重的是班主任在学生习惯和兴趣爱好培养方面的作为，以做好幼小衔接；在高年段，指标体系更加注重班主任在学生自主管理、学业成绩、才华展示成果、社会实践等方面的作为。

教师评价是学校治理工作中的重点和难点，评价项目的设置和评价指标的确定不是一成不变的，需要与时俱进、动态调整，这就需要我们在实践中不断地探索与优化，以期实现评价的目的。相信在教师评价改革的带动下，我校教师队伍的建设会更加健康和富有成效，我校管理水平和治理能力得到新的锻炼与提升。

第四章 文化落地：探索以“润泽教育”为核心的办学路径

本章主要是从学校的文化落地和文化实施出发，从环境文化、教师文化、课堂文化、课程文化、德育文化、外联文化等几方面进行撰写，从而呈现学校将文化落地的路径及实施策略。

第一节　营造温润尔雅、和谐阳光的润泽校园

正如马克思所说，“人创造环境，同样环境也创造人”，作为教育工作者，我们深切地知晓融入学校文化的校园环境之于师生，就好比海水之于鱼儿，在潜移默化中为全校师生的学习生活提供充足的养分。我校在“润泽教育”理念的熏陶下，为全体师生营建起一个温润之家、阳光之舍。而在这个环境中，校徽和吉祥物的形象表达，传达着我校的教育理念；独树一帜的班级环境，彰显着我校的教育特色，使整个润泽校园充盈着教育的气息，也使全校师生在这个温润尔雅、和谐阳光的润泽校园中，沐浴蓬勃之气、温暖之息，向阳而生，茁壮生长。

一、润泽校园，浸润生长

“蓬生麻中，不扶自直。白沙在涅，与之俱黑。”荀子的这句话深刻地道出了环境之于人的巨大影响力。将之放置于学校教育之中，亦是如此。而校园环境作为学校育人文化的一种物质载体，作为一种潜在的教育因素，就好比一部无字的教科书，于“润物细无声”处润养着师生的品格，给师生一种心灵感染和行动导向，潜移默化地影响着师生的成长与发展。

为此，我们在“润泽教育”办学理念的指导下，突出文化育人、

环境育人，让花木含情，让墙壁说话，让风景育人，旨在打造一所"温文尔雅，和谐阳光"的"润泽校园"。从学校建筑、学校植株建设、教室空间安排、学校雕塑标志物等方面着手，以静态化、具体化、形象化的方式彰显"润泽教育"的内涵、承载我校的精神风貌和价值取向，让我校的每一面墙壁、每一间教室、每一条小路、每一栋楼宇、每一帧景象，都浸透出人文、宽容、激励、和谐、快乐的生命化气息，让校园真正成为自由成长的乐园，成为师生生命成长的精神家园。

（一）"润泽校园"设计构思

作为校长，我深知，教育的艺术不只在于授受知识，更在于开启智慧、润泽生命，而这需要创设一个关注生命、尊重生命、有利于产生生命智慧的环境场域，让每一位师生在这里得以健康、充实、律动、延展，让师生身心舒展地生活着，毫无畏惧地尝试着，充满幻想地期待着，聪慧理智地把握着。因此，在"润泽校园"的整体建设过程中，我校始终将建设"温文尔雅，和谐阳光"的校园作为目标追求，不断践行着"润品育能，筑基未来"的办学理念，突出环境建设中教育的人文性、艺术性与育人性，使润泽的教育元素真正显现在校园的每一处角落中，让校园的每一个细节都生意盎然，每一方寸都活泼灵动。

"润泽校园"彰显教育的人文性。校园是一个律动的生命体，她无时无刻不在流露着人文气息。校园是一个闪耀的发光体，她吸收着一个个鲜活的主体能量，迸发出人文教育的耀眼火光，而高雅、灵动的校园环境处处彰显着教育的人文性。因此，我校的校园环境建设立足于"润品育能，筑基未来"的办学理念、"润养会思想的卓越行动者"的育人目标，以及"打造一所温润的卓越之校"的办学目标而进行，并在此基础上，将校园环境的人文性渗透于方寸之间的校园天地，从而使全校师生在学习、工作和生活中得到心灵的浸润，泽养他们的人生。

“润泽校园”展示教育的艺术性。艺术来源于生活，生活又反哺艺术。在“润泽校园”的建设过程中，我们对学校的整体元素进行充分把控，科学优化之后重新整合出一套“润泽”体系的设计方案。校园建设是具象而有形的，我们对“润泽”体系的内涵和意象进行深入解读，将其化为现实的视觉效果。例如：将承载着校园文化特色的校园设计成景观小品，这都深入传达了我校师生的审美情趣和艺术品位，在春风化雨、润物无声中陶冶学生情操，使学生学会发现美、欣赏美、创造美，体现教育的艺术性和美学思想。

“润泽校园”蕴含育人性。育人始终是我们教育工作者的中心工作，因而校园建设最重要的还是要凸显其育人功能。校园是培育优秀人才的摇篮，也是莘莘学子学习文化知识、掌握技能的芳草地。“润泽校园”的建设目标在于使每个墙壁、每个角落都能成为“会说话的老师”，无声中浸润学生的品行，弥补日常教育的不足，赋予学生积极上进的力量，激发学生们开拓进取的精神。

（二）“润泽校园”的具象化呈现

校园环境在个人成长中扮演着极为重要的角色。有研究证实：学校的环境建设越完善、越理想，学生的正面环境知觉就越好，负面环境知觉也就越少，从而越能够激发学生的学习兴趣，唤醒学生参与活动的意愿，同时，诸如学习压力、人际争执、社会焦虑等的消极行为也会减少。我校在“打造一所温润的卓越之校”办学目标的指引下，通过环境建设使校园外部环境达到美化、绿化、香化，以良好的外部环境激发学生对美的追求，提高学生的审美能力，培养学生高尚的审美情趣，实现环境育人的目的；使校园环境的设计工作深化、细化、具化，带动全校师生积极打造可感知的校园环境。

1. 空间设计表达"润泽"

我校通过落实艺术专项资金，美化校园环境，在有限的空间中，将"润泽教育"和"润泽、博雅"的校训无限融入校园环境，突出"自然、生命、和谐、美好"，开辟出"两园一廊、六景一亭"的润泽景象："两园"即润园和泽园，"一廊"指的是松廊鸟语；"六景"包括锦绣芳华、松廊鸟语、风吟紫丁、素馨傲雪、翠竹鸣泉、落英花蹊，"一亭"即博雅亭，使师生能漫步其间，自然而然受到环境的熏陶与感染。

"一花一草会说话，一亭一景皆育人。""锦绣芳华"一景中，色彩缤纷的月季花与绿意葱茏的柿子树交相辉映，花绕树，树爱花，手牵手，心连心，编织成青春岁月锦绣芳华。"松廊鸟语"一景中，数株青松巍然屹立，其间回荡着嘤嘤鸟鸣声，偶有学生在此晨读，书声琅琅，自成一景。"风吟紫丁"一景中，可细听风拂过松枝，穿过黄栌，在紫丁香的梦里，吟一阙平平仄仄的小令。"素馨傲雪"，素馨是迎春花之别名，这一景起自宋朝韩琦的一首《迎春花》——覆阑纤弱绿条长，带雪冲寒折嫩黄。迎得春来非自足，百花千卉共芬芳。"翠竹鸣泉"一景则起自明代张宁的《竹泉》——绿竹荫方洲，泉深竹更幽。平安应永茂，沈静自长流。秀并孤山晚，清分合涧秋。凉风与华月，涵映共优游。"落英花蹊"一景有两处来源，其一源自龚自珍《己亥杂诗》"落红不是无情物，化作春泥更护花"一句，其二则来自《史记·李将军传》中"桃李不言，下自成蹊"一言。"博雅亭"，博闻天下家国事，雅叙心中鸿鹄情，置于其中，可静坐，倾听商高与毕达哥拉斯耳语勾股定理与数学之美；可冥想，欣闻孔子与苏格拉底探讨人性化育与理性光辉；可畅谈，书生意气指点江山，激扬文字丰盈梦想；可争辩，乐学善思交流碰撞，拨开迷雾寻觅真理（见图4-1）。

锦绣芳华

松廊鸟语

风吟紫丁

素馨傲雪

翠竹鸣泉

落英花蹊

博雅亭

图 4-1 中国教育科学研究院朝阳实验学校（以下简称“朝阳实验学校”）校园小景

有学生还专门写了一篇“校园里的小世界”的小美文：

操场的四周是一些白杨，它们像站岗的士兵守卫着校园。那淡紫色的花丛，摆成了一个心形，与那绿油油的草地一起，组成一幅鲜艳美丽的水彩画。蜜蜂时不时地游走在花丛之中，像找到了自己的家。随风摇曳的高山榕叶子，发出阵阵沙沙声，树下是成片的鸢尾，那又尖又长的绿叶在风中摇曳，轻抚去内心的浮躁与紧张。小池塘里快乐的睡莲，展开花瓣微笑着，身边浮萍更衬托出她美丽的容颜。池塘旁边有几株修长的竹子，松伴竹旁，风雨之后，那些绿色的生命是那样神采奕奕。抬起头，湛蓝的天空与洁白的云彩和谐又美丽，一些不知名的鸟儿在空中盘旋，它们一定也爱上了我们校园里这个无比美丽的小世界！

此外，我校还利用建筑小品、雕塑标语（如图 4-2），将"润泽"的办学理念以实物的方式具象化，这种校园公共艺术作品传递出来的信息更为丰富，能够体现出校园建设中的"灵魂"，以暗示的方式向学生们传递"润泽教育"的真谛，引导学生的正确认知，让他们树立正确的世界观、人生观和价值观，在潜移默化中成长为更好的自己。

2. 视觉呈现聚焦"润泽"

我校在校园建设中选取了蓝色和绿色作为主色调，浅蓝色象征着流水的润泽之感，深蓝色象征着睿智，绿色象征着平和与和谐，也代表着春天和希望。将这些蓝色和绿色的不同变体综合使用，和谐展现，增加了新的视觉效果和空间趣味，以情境的氛围使学生置身其中，在感染、熏陶之中形成学生良好的心境，使其热爱自然、热爱生活，也使得校园环境更加丰富、个性，具有人情味。

校园内展览板的设计是我校对外传播的重要窗口和舆论阵地，其中展览板可以分为两个部分：第一部分，近一周学校举办的活动，发布学校要闻，拉近我校与家长和学生之间的距离；第二部分，学生或教师作品和事迹，主要以体现"润泽、博雅、睿智、平和"的行为和故事为主，凸显我校的人文气息。我校还举办了一系列以“润泽”为主题的绘画、小制作、泥塑、摄影比赛，用最优秀的作品，装点着校门附近的宣传栏，浸润学生心灵，使学生积淀更多文化知识，提高综合素质。

图 4-2　朝阳实验学校的理念刻石

3. 校园铃声凸显“润泽”

校园铃声是校园美育建设的延伸。校园铃声作为学校管理的重要手段，关乎学校师生秩序意识的养成，是调节课堂氛围的重要元素。我们都知道，音乐能够调节人的情绪和行为，人们会不自觉地跟随音乐节奏律动，并且与之相协调。因此，校园铃声的选择对于校园环境建设和学校管理是非常重要的，同时也是我校美育教育的一部分。选择柔和的乐声，而非单调的铃声，以溪水、飞泉、瀑布、潮汐等代表不同类型的提示铃声，使得流水的润泽之感能以声音的形式，充盈整个校园。这种多元复合的铃声设计，使师生在学习之余得到放松，在潜移默化中润养学生行为，促使学生学会根据特定的音乐展开特定的活动，培养学生的美育情操。

“人性如素丝，染于苍则苍，染于黄则黄。”这是古人对环境造人的精辟阐述，而建设“润泽校园”，以润物无声、春风化雨的方式启迪学生思想，帮助学生树立健康人格，是我校一直以来的追求。回顾以往校园环境建设之路，我们在泥泞的探索之路上，走出了坚定的步伐，在全体教师同仁的共同努力之下，构建了我校"润泽校园"的新特色，并创造出了一个良好的校园环境和多层次的交往空间，使我们的学生在充满文化气息、激人奋进的环境中成长，不断彰显着我校的教育特色。

二、"润泽教育"理念的视觉化表达

"建标，立物以为之表识也。"标识，早在中国古代就出现，是一种事物或者文化的视觉化表达，如原始图腾、石碑、牌楼牌坊、旗帜、招幌等，有着易于识别、张扬自我形象、显示事物特征的重要功能。

一个时代，一所学校，一种标识。每一所有内涵的学校都应该有其独特的标识，来彰显自我独特的文化气质。正如北京大学的校徽设计，"北大"二字的篆书设计饱含着文化风韵，在体现中华传统文化的同时，将北京大学兼容并蓄、广博开放的姿态展示在世人眼前，丰富了北大的校园气质。又如清华的校徽，以 1914 年梁启超先生以"君子"为题做演讲所提出的"自强不息，厚德载物"八字校训为核心而设计，个性鲜明，丰富多彩，在众多大学中独树一帜。

因此，将学校"润泽教育"理念进行视觉化表达成为了我校在校园文化建设中应该做的事情。在充分挖掘、提炼我校的精神文化内涵的基础上，我们对其进行深度培育和塑造，从而形成了我校独特的品牌形象——校徽和吉祥物。这种具有特定内涵的视觉表达，对内，可以使我校师生从内心深处形成认同感和归属感，强化师生的凝聚力。对外，通过树立学校完整统一的形象，可以让社会感知我校的文化和理念，使我校形象更具传播性和独特性。

（一）校徽：以书育心，以心施教

校徽，作为学校形象系统设计的关键，是学校最具视觉性的品牌武器，在校园文化视觉系统中，几乎所有的设计都是围绕它进行的，校徽的设计影响着我校的视觉形象、环境布局、办学风格。

最重要的是校徽是一所学校办学理念与人文内涵的集中体现，是凝聚人心的有效载体，是培育校园文化的有效途径，也是我校办学思想、育人目标、办学特色的结晶和积淀。因而，在校徽设计的过程中，必须深入挖掘我校的历史积淀，贯彻育人理念，从而在具体的视觉形象中体现我校的精神内核。同时，校徽的设计要考虑以整体的视觉形象营造高雅的、和谐的校园环境，将实用性、人文性和艺术性融为一体，形成一种特定的文化氛围，充分显现我校的教育环境和形象的个性特征。

我校的校徽设计，是根据“润泽教育”的教育理念、“润品育能，筑基未来”的办学理念，将具有象征意义的图像、色彩和文字组合在一起构成的具有深刻寓意的图形。它是文字、意象、寓意的结合体，在其设计之初就被赋予了丰富的文化内涵和精神底蕴，表达了我校的精神和价值取向，象征了我校的精神、文化内涵和精神底蕴（如图4-3）。

图4-3　朝阳实验学校校徽图示

1. 设计定位

校徽的设计是基于“润泽教育”的理念体系展开的，校徽设计以润泽教育中“思”之维度为主体，以书为型。上为书，下为心，体现以书育心，以心施教，以教启思，思方行圆，思行合一，这样的设计是基于“润泽教育”的两层含义：一是“向内”的意义，“润泽”乃自身良善品质的象征；二是“向外”的意义，“润泽”乃对外物的包容、润养、泽被。内外合一相通，构成了古代先贤宏大世界观的基础，也体现了"润泽教育"是爱的教育、真的教育、善的教育和灵动的教育。

2. 美学意境

校徽是形、意的有机结合，体现了我校的求知精神和人文内涵，而校徽中的美学意境是校徽所展示的图像激发出来的审美想象，通过有目的性地传递信息识别符号，给人以美的享受。我校校徽中"书本"的主体意象蕴含着我校厚重的历史底蕴，是文化内核的体现；书本也是知识的象征，体现了"以书育人""润泽教育"的教育特色，寓意我校的办学目标旨在润养会思想的卓越行动者，而校徽中的"心"的意象衬托着书本，展现了"以心施教"的教育方式，展现我校教师对学生的"润泽之爱"，意在打造一所温润的卓越之校，这样的设计，形神兼备、意蕴无穷。

3. 视觉冲击

校徽的设计需要文化内涵和美术形色的和谐结合，形象再现和抽象概括要合理取舍，既简洁明快，又内蕴丰富。我校的校徽设计充分吸收了以上特点，主体设计为正圆，圆形寓意团圆、圆满、完美，双环同心，寓意着我校对于学生的期许，期望学生学业圆满，人生渐趋完美，这种设计也符合国人传统的审美观。在色调方面，以蓝色为主调，红色内圈为点缀，强烈的色彩对比展现了我校师生的生机与活力。校徽内附有中英文校名的清晰对照，透露出我校力争走在教育前沿的决心，简洁明了又寓意深远。校徽正中以书本为主要元素，以汉字的"心"作为隐喻，强调以"润泽"的教育方式，润养学生之"品性"，培养学生之"能力"，为学生的未来发展奠定坚实的基础，整体设计视觉冲击感强，体现了我校教书育人的内涵，有其独特的精神魅力。

校徽是学校形象的视觉化表达，是代表学校的标志性文化，更是一种精神寄托、文化信仰。一个优质的校徽设计，能够传达本校的教学理念和校园文化，以独特的视觉形象宣传本校；还能增强师生对学校的认同感，形成共同的价值观，凝结全校师生的力量，推动学校向前发展。随着我校的发展，校徽会逐渐成为学校品牌的识别符号，使其成为提高大家对我校的关注度和信任度的一个有力途径，从而使得我校的影响力逐渐壮大。

（二）吉祥物：润养万物、泽被生命

“吉祥”之意，在《易·系辞下》中解释为“吉事有祥”，是美好预兆的意思。每个民族自古以来都有对真善美的追求，对美好事物的期盼，而吉祥物作为这种精神的视觉化表现，更是被人们寄予了丰富的象征寓意，比如我们所熟知的 2008 年北京奥运会吉祥物——“福娃”，以及上海世博会的吉祥物——“海宝”，都被赋予了时代内涵和美好希冀。基于此，象征着我校旺盛生命力、传承着我校优秀校园文化和精神的吉祥物——“润润”和“泽泽”在探索和实践中诞生了。

1. 价值意义

校园吉祥物是校园文化的视觉呈现。在校园文化建设中融入吉祥物设计，是现代校园文化的一种体现，是对校园文化的展现和弘扬，也是学校理念视觉化表达的一种有效途径。因此，我校校园吉祥物的设计应当是富有活力的、为广大师生所喜爱的形象，它能够展现我校的精神风貌、文化底蕴，形象化地传输我校的办学理念，是我校的形象大使。

校园吉祥物也是办学理念的艺术表达。校园吉祥物的设计，要充分展现我校“润品育能，筑基未来”的办学理念以及校园的整体精神风貌，所以就要在反复考察、论证的基础上进行设计。作为一种独特的艺术设计形象，校园吉祥物不仅要具有强烈的、有亲和力的视觉形象，还要有具体、明确的精神文化象征意义，以体现校园吉祥物独特的魅力。吉祥物的融入，使整个校园充盈着温润的氛围，尽现润物无声、春风化雨之愿景。

2. 形象建构

我校的吉祥物定名为"润润"和"泽泽"（见图4-4）。其含义有二：一是以水象征润养万物，泽被生命。《淮南子》言："天下莫柔弱于水，水为道也，广不可极，深不可测，长极无穷，远沦无涯，息耗减益，过于不訾，上天为雨露，下地为润泽，万物不得不生，百事不得不成。"吉祥物头部为水滴形状，水滴寓意清澈透明、洁白无瑕，体现了润泽、博雅、睿智、平和的教育追求，也象征我校润泽生命之意蕴。二是以"思"象征核心能力的培养，我校强调"润养会思想的卓越行动者"。而"润润"和"泽泽"的帽子上均有一个艺术化的"思"字，象征着孩子们思考力的逐步生成。

图4-4　朝阳实验学校吉祥物

在造型设计方面，"润润"和"泽泽"的设计用独特的造型样式隐喻了我校的办学特色，用拟人化的艺术手法，将其设计为生动、活泼的卡通人物形象，通过"水滴"的形象类比，赋予其鲜活的生命力，造型独特，富有亲和力。在形象设计和色彩搭配上选用富有旺盛生命力的"魅力红"和温润的"水滴蓝"来建构性别形象，具有很强的视觉冲击效果，而吉祥物的命名也具有大众性、易识性和民族文化性，彰显了我校"润泽教育"的办学理念。

校徽和校园吉祥物作为统一、鲜明的标识，是我校精神面貌、文化底蕴和人文精神的载体，是富有活力、蓬勃向上的视觉形象，也是我校"润泽教育"理念的视觉化表达，深受我校师生的喜爱。对内来说，有助于全校师生增强对学校的记忆，产生归属感，积极传承校园的历史文化。对外来说，校徽和校园吉祥物是学校对外交流与合作的形象标识，有助于学校品牌宣传和形象树立，扩大学校在社会上的影响力。

每一所学校，都是故事，故事里诉说的是文化积淀；每一份文化，都是深情，深情里呈现的是教育情怀；每一个视觉表达，都是诗歌，诗歌里演绎的是润泽之韵。学校、文化与形象，温润、关怀与教育，成就的是我校的育人之美。

三、创新班级文化建设　营建良好育人环境

“班级”一词由来已久。在古时，它指代是官位的等级，汉代荀悦《申鉴·政体》有言曰：“高下失序则位轻，班级不固则位轻。”而发展到现在，含义已发生改变，指的是学校中的最小教学单位。其衍生出的班级文化，是一种个性文化，代表了班级的形象，体现了班级的生命。我校非常重视班级文化的建设，因为小小的班级实则是学校教育的缩影，而班级文化建设的过程则是将学校理念文化内化的过程。

因此，班级文化建设自然离不开我校“润泽教育”这一理念的指引，在此基础上，我校依据实际校情，有针对性地提出了“倡导个性，融合情感，班级带动，文化育人”的基本建设理念。与此同时，鼓励我校的教师，积极打造可感知的班级文化、营造有温度的班级环境、创建功能型班级，使学生在这种立体多维的班级环境中，释放魅力，展示风采，张扬个性，表现自我，为学校的发展注入灵动的生命活力。

（一）创新班级视听体系，打造可感知的班级文化

现代教育提倡多维度的、全面发展的教育，利用可感知的形式来激发学生的学习兴趣。在班级文化建设中，我校积极探索新型的班级环境建设路径，打造看得见、听得见的班级文化，形成了一套独属于我校的

班级语言生态系统，使学生在班级环境的浸润下，茁壮成长。

1. 视觉环境——打造班级墙壁文化环境

校园处处皆育人。著名教育家苏霍姆林斯基说过：“孩子在他周围——在学校走廊的墙壁上、在教室里、在活动室里——经常看到的一切，对于精神面貌的形成具有重大的意义。”① 甚至有教育家认为，墙壁是学生生命的外化。因此，在建设班级文化之时，我们首先要着眼目光所及之处，在班级教室墙壁上做功夫，充分利用教室空间，充分展示学生风采特长，做到让每一面墙说话、每道风景育人，从而创设出体现学生意志、格调、兴趣和价值的文化环境。

在可视化环境建构方面，以对学生学习和生活有着潜移默化影响力的教室为着眼点，重新认识和拓展教室的育人功能，力求在有限的教室空间中创造无限的魅力，赋予教室以不平凡的意义。我校通过在墙面上开辟专门的文化展示区域，把教室的每一面墙都变成营造文化氛围的阵地，引领学生去发现美、追求美、展示美；通过在教室墙壁上张贴各种名人名言、谚语格言，培养学生高尚的情操，激发学生学习的动力；鼓励每个班级的学生充分展现个性才能，借助班级特色墙壁，展示自己优秀的书法、摄影、手工等优秀作品，充分展示学生的才能，彰显我校学生的生机活力和积极上进的精神风貌，从而形成个性化的班级文化。

2. 听觉环境——创新班级生活语言系统

有位著名的教育家说：“如果你想使人的道德达到完美与和谐的境地，那你就要创造环境与语言的和谐关系。”在班级文化建设中，可感知的语言系统是丰富班级文化内涵的重要组成部分。班级内部有了统一的语言体系，才能促成核心凝聚力的形成，形成逐渐趋同的思维意识和

---

① ［苏］苏霍姆林斯基：《帕夫雷什中学》，赵玮等译，教育科学出版社 1983 年版，第 189 页。

行为习惯，为班级文化注入活力。

因此，我校以班级生活语言系统的建构为基点，经过一系列的研讨，根据不同年级的学生，制定了切实可行的实施目标，开设了经典诵、班歌、演讲比赛等活动，积极打造班级中听得见的文化。比如在固定时间进行经典诵读，表彰先进、鞭策落后，长期以往，使经典诵逐渐成为班级的主旋律，形成独特的班级语言系统。就经典诵读而言，其主旨是要让学生通过诵读古今中外的经典篇章，使其天赋和潜能在轻松愉悦的环境中得到充分的施展，同时又能达到学习语言、增强理解能力和表达能力、培养情趣、提升素质、奠定人文底蕴的目的，诵读经典是一种适合学生的最简洁、最有效的教育方式。而班歌、演讲比赛等活动的进行，更有助于提升班级的凝聚力，增进师生之间的情感交流，为班集体注入新鲜活力和旺盛生命力，使班级形成积极向上的合力，使学生在班级带动的发展模式下健康成长。

（二）注入多方教育情感，营造有温度的班级环境

作为一种隐性的、长效的教育力量，班级文化融合了多方的教育情感，是民主的、集体参与的一种互动文化。基于此，我校从互动的各教育主体出发，通过生生互动、师生互动、班班互动、亲子互动等机制建立、情感浸润，致力于打造能互动的班级文化环境。

良性的班级文化一定是公平民主的，这是促进生生互动的基础。创造激活学生平等交流的教育情境，能够激发学生个体对班级目标的认同感以及学生自身的使命感、自豪感和归属感。为此，我校组织了许多大型文体活动和竞赛项目，在教师的带领下，学生组成目标一致的小团体，齐心协力、同甘共苦，形成了团结向上、友善互助的班级氛围，生生之间的良性互动是培育学生集体荣誉感的有效途径。

班级文化建设的过程，同时也是师生沟通心灵、增进情感、平等相

处的过程。因此，我校鼓励教师团队与学生们进行积极沟通，向学生介绍自己的授课方式、教学风格，甚至是爱好特长等，在师生之间搭建平等对话的桥梁，达到"你中有我、我中有你"的和谐氛围，不断渗透教师团队的教育情感，逐步形成独具特色的班级文化。

另外，家庭是学生的第二课堂，这就提示我们要利用好家长资源，引导家长支持学校办学，取得教育的共识和一致，促进我校办学理念的落地。我校在班级创设新型的家校互动机制，引导家长走进学校、走进班级、走近学生，这种点对点、班对班、生对生的家校联合模式，为班级建设提供动力支撑，是建立良好的育人环境、培育学生全面发展的重要手段之一，也为我校班级文化建设提供了动能，有利于营造良性的、有温度的班级环境。

（三）打造功能型班级，塑造立体化育人环境

功能型班级的建设是班级文化建设一个新的突破口。长期以来，我校班级功能较为单一，课程设置缺乏活力，原有的班级建设路径已不能满足时代发展的需要。为此，我校通过班级功能区、流程功能化等文化构成设计，积极打造功能型班级，全面推进班级文化建设。

一是打造班级功能区，激发学生优势。我校的班级文化建设通过制度角、活动角、知识角、激励角、心语角、才艺角、英语角、生物角、阅读角、信息角等载体实现环境文化、制度文化、活动文化、精神文化的和谐统一，创建"多元、多形态、多载体"且"多而不乱、多彩有序"的"文化型德育"系统。充分挖掘每个学生的潜能，发扬学生的优势，展现学生个人魅力，鼓励学生发展创新思维，形成互帮互助、积极向上的优秀集体，增强班级凝聚力，为学生提供良好的集体氛围。

二是依法治班，实现学生自主管理。班级管理方式对学生主体性发展具有十分重要的影响，是发展学生个性和主体性的大舞台，优秀的、

系统的班级管理制度有利于师生合理地开展个人活动，有助于维护班集体的共同利益。从班级精神文化建设的角度来看，班级管理制度可以突出班级发展所具有的价值观念以及目标追求。以往的班级管理模式过多地强调班主任的主导地位，忽视了学生的发展性和创造性，淡化了学生对集体的责任感。因此，我校根据学生主体性发展的水平和需要，制定了一系列的班级管理制度。首先创建了班级自我管理机制，力争使每位学生都成为班级的主人，积极创建集体生活；其次，定期变换管理角色，实行小范围内的值日班长轮换制，设置多样化岗位，为实现学生自主管理创造了条件。这些举措突出了我校的办学理念和育人目标，逐步建立起“润泽班级”，有助于培养“润泽学生”，实现“润泽管理”。

班级文化作为一个教育契合点，如水一般浸润着学生的心灵，昂扬着他们的理想与激情，使他们的生命变得更加鲜活，更加灵动。在探索班级文化建设路径中，我校创新班级视听体系，融入多方教育情感，并通过班级功能区、流程功能化等文化构成设计，全面推进班级文化建设，营建出了良好的育人环境，真正做到了班班有文化，人人有自信，一班一世界，全校共情怀。

第二节　培养教研相长、深思力行的润泽教师

教师队伍决定着一所学校的教育品质和发展前途，在学校的文化建设过程中，应始终将教师摆在重要位置，注重教师队伍的培养与教师能

量的发挥。在“润泽教育”的文化引领下，我校在教师队伍建设方面进行了多样化探索，提出了“教研相长、深思力行”的教师文化，构建了实现教师专业化成长的发展平台，完善了师德建设路径，有效促进了我校教师队伍的健康成长，为保障教书育人品质，保持学校发展活力，打下了坚实的基础。

一、厚植“润泽”文化，争当润泽教师

美国著名教育家杜威曾说：“教师总是真正上帝的代言者，真正天国的引路人。”而在我们看来，教师首先应成为学校文化的代言人与践行者，在学校文化的整体带动下，调整自身“步伐”，为教书育人工作注入文化内涵与灵性，在文化共同体中成就自身职业发展，艺术化地履行好作为一名教师的神圣职责。

（一）新时代，教师需要一个文化“导航”

遥远的记忆中，教师常以一种传道授业、答疑解惑的形象出现。学为人师、行为世范的教师风范源远流长，尊师重道的传统美德一脉相承。所谓“天地者，生之本也；先祖者，类之本也；君师者，治之本也”“国将兴，必尊师而重傅……国将衰，并贱师而轻傅”，等等。在传统的古代社会中，教师只要做好自己的学问、潜心讲学传道就能获得崇高的社会地位与权威，成为人人尊敬的对象。

而今天，随着生产力、生产关系等方面的发展变化，以及教育改革的持续深入，教师的职业角色已然不可同日而语。新的时代，教师必须由传道授业的“工具”角色，转变为学生学习的指导者、心灵的培育者、课堂的组织者、教育成果的评估者等。在多重角色承载的背景下，教师不仅要不断提升自己的专业水准和技能，保持学习动力，还要转变

教育理念，创新教育教学，做到与时俱进。[①]

我认为，面对这一系列的要求与挑战，教师最需要的是文化层面的引领，并在文化的导引下逐步找准自我变革的方向。因为在当今时代，教师的成长不能脱离学校团体，一所学校如何看待教育，如何落实教改，如何定位育人等，在很大程度上影响着教师的成长与发展。

因此，学校需要提炼自己的教师文化，明确文化志趣，在思想层面形成对教师的引领与“导航”，打造自己的教师文化团队。只有在这样一个文化体当中，教师才能有所凭借，在立足文化、读懂文化、参与文化、践行文化的过程中，不断自我修炼，实现自我变革，取得自我提升与进步。

因此，一所智慧的学校必然有着自己鲜明的教师文化，用以发展自己的教师团队，帮助教师真正由一个“教书匠”转变为一名“教育人”，在新课改的洪流中乘势而进，成就更多的生命，实现自身价值。

（二）我校教师文化之缘起

在教师文化引领的思考之下，我认为，锻造具有我校特色的、基于“润泽教育”理念下的教师文化便是一种必然。

众所周知，教师文化是学校对教师教书育人态度与风范的高度凝练。但我认为，教师文化不仅仅指示一种实然状态，更要体现出我们所希望的应然图景——在尊重我校教师业已形成的、朴素的教学风格与特点的基础上，加入“润泽教育”的文化因子，渗透“润泽、博雅、睿智、平和”的校训精神。最终让我校的教师文化能够既具有校本特色，又能彰显出教师对“润泽教育”的理解和对未来

① 参见罗莎莎、靳玉乐：《教师角色的历史演变及其启示》，《现代大学教育》2020 年第 3 期。

发展的愿景追求。

从我校教师发展现实状况来看：一方面，我校虽然是一所相对年轻的合并校，但教师在教育教学方面具有很强的质量意识，在各种教科研活动中具有很高的参与性和积极性，并能够团结一心，朝着共同的目标努力。近年来，我校在全体干部、教师、学生的共同努力下，取得了突出的成绩，荣获了多项荣誉。这是我校优良的教风传统的彰显，也是我们必须继承与发扬的内容。另一方面，与学校发展及当下的教育需求相比，学校教师队伍还需不断努力提升专业素养，更新教育教学观念，提高研究意识，勇于进行教学改革实践，思考如何促进教学质量的提升，成为研究型教师，成就每一位有教学风格的教师。这是我校教师团队需要在今后的发展中给予重视与完善的方面。

基于这一现实，我校提出了"教研相长"的教师文化。希望广大教师能够秉承自己爱岗敬业、追求品质、静心专研的优良传统，在"教"与"研"双管齐下的策略下，实现自身的专业素养的提升，成为更好的自己。

从我校所提倡的"润泽教育"来看，这是一种有主张、有深度的教育。其中"润品育能，筑基未来"的办学理念，"润养会思想的卓越行动者"的育人目标等，包含着我们对我国传统文化、现时代教育主张与社会未来需要的考量，是带领我校全体师生全面发展、健康成长的总方针与风向标。其中所蕴含的教育智慧与哲学，需要广大教师去认真思考与扎实践行。只有在思考之下，将理论与实际相结合，才有可能产生共同的"方向感"与攀登的勇气。

基于我们对办学文化的分析与理解，我们提出了"深思力行"的教师文化。旨在勉励广大教师用心思考，深入探求，勇敢实践，知行合一，不断总结经验教训、完善各方面工作，用自己的切实努力完成我们共同的追求。

我校教师文化的提出，承载了学校的历史与未来，同时寄寓着我们对未来的美好期待。可以说，基于“润泽教育”下的“润泽教师”具有深厚的文化底蕴，而这种底蕴来源于教师对“教研相长、深思力行”两个方面的准确把握与落实。

（三）教师文化之内涵要义

我校“教研相长，深思力行”的教师文化具有鲜活的生命力，它在启迪我校教师树立科学教育观念，践行学校文化理念，成为一名合格的“润泽教师”方面发挥着提纲挈领的指导作用。

“教研相长”是提升教师教育教学水准的科学方法与工作原则。所谓以研促教，教研相长，“教”与“研”是两个不可分割的方面，没有“研”的“教”如同强弩之末，无法抵达理想的教育境地。尤其在这样一个日新月异的时代，教师必须由知识的传授者变为学生学习的引导者和发展的促进者；必须由课程的忠实执行者变为课程的建设者和开发者；必须由“教书匠”变为教育教学的研究者和反思的实践者……这一系列的变化都要求教师必须具备教研相长的精神，将教学与研究紧密结合、一以贯之，从而不断挖掘自身的潜力，不断扩展自己的视野，不断打开自身的格局，让自己的职业生涯具有无限可能。

因此，我们希望每一位从学校走出去的教师都是研究型教师、专家型教师。他不仅能够完成日常的教育教学常规工作，还能自主找寻学习研究、交流探讨的机会，在日积月累的努力中提高自身的教育理解与水平，厚积薄发、释放能量。这就要求我们的教师骨子里有着对于教育的追求，有自律的精神与习惯，有对本专业的兴趣与想法，在这些因素的综合作用下实现“教研相长”的工作风格与特色。

“深思力行”是我校“润泽教育”落实在教师层面所印刻下的精神

风范。其所"思"所"行"全部围绕"润泽"二字。作为教师，不能让我们的教育主张沦为一句空洞的口号，而要掷地有声地体现在每一处教育当中，这是我们所"思"所"行"的全部出发点和归宿。我们希望在对"润泽教育"的思考与践行中，广大教师能够对我校的核心理念有一个深刻的认识，并使之合理地体现在每一种教育方法、教育内容，甚至每一句话、每一件小事当中，最终能够以一种自然的、舒适的、潜移默化的方式展开我们的教育，影响我们的学生。因此，我们强调教师思考力与行动力的培养，提倡一种审慎、思辨、踏实、坚定的工作作风，用我们最本真的"润泽教育"服务于学生。

在"深思力行"的文化引领下，我们的教师要秉持知行合一的原则，乐于求知，善于提出问题、解决问题，在实践的检验中提升自己的认识水平和综合素质。在具体工作中，首先要形成一种文化认同，把握"润泽教育"的精髓所在；其次，提高思考层次与深度，将核心文化运用于自己的教育教学工作，使之不断在教育工作中得到落实与丰满。

我校"教研相长，深思力行"的教师文化厚植于"润泽教育"的文化土壤，是我们的"润泽教育"在教师层面的具体体现，也是"润泽"智慧服务于广大师生的中枢环节。我校教师将在"教研相长、深思力行"的训勉中发扬优良传统、践行"润泽"文化、紧跟课改步伐，持续深耕在自己的专业领域，推动育人质量提升，为社会的进步与发展培养出更多更加优秀的人才。

二、智慧团队如何打造

常言道："百川汇海可撼天，众志成城比金坚。"教师团队是一所学校的命脉所在。一所学校能否发挥文化之力，锻造自己的智慧团队，是学校能否实现自身的智慧发展，达成办学目标的决定性因素。因此，我们非常重视教师团队的培养，始终将教师团队的建设作为一道常新命题，并在这一领域付诸我们持续的探索与努力。

（一）智慧团队建设之我见

作为一名校长，在多年的管理经验之下，我深知团队建设的重要，更知道团队建设的不易。在这个涉及多方因素的、庞大而复杂的系统中，管理者对于如何定位心中的理想团队，以及如何建设这样一个团队，必须有自己独立的思考和清晰的思路，并将之作为一种常态化的研究工作，持续深化改革。只有这样，才能让自己的团队建设逐渐起色，日积月累，成就不凡。

那么什么样的教师团队才是好的教师团队？这是一个仁者见仁、智者见智的问题，它的标准并不唯一。在我看来，一个好的教师团队一定是富于智慧的，这种“智慧”体现在两个方面，一是能够在团队中形成强有力的文化引领；二是建立有效机制保障，实现团队与个人的联动发展。在这样的思考之下，我校形成了“以文化为导向，以制度促达成”智慧团队建设的总原则，并开始了自己智慧团队的打造。

文化层面，我们在“润泽教育”的办学文化下，结合自身教师发展现状形成了“教研相长、深思力行”的教师文化。立足这一文化，我们紧握“教”与“研”两件法宝，锤炼教师“思”与“行”的工作品质，着力打造具有朝实文化底色的“润泽教师”，进而成就一支具有“润泽”智慧的教师团队。

然而，“工欲善其事，必先利其器”。文化的引领属于形而上的范畴，文化之下必须要有配套的制度体系，以辅助文化的落实。因此，我们充分挖掘名校资源，统整教师培训制度、方法，加强师德建设等，力求让教师文化真正服务于每一位教师的自我更新与进步，形成个人发展与团队发展之间的良性互动，才能让我们的"润泽教育"文化共同体永葆生机与活力。

（二）智慧团队建设的"利器"

我校在多年团队建设的基础上，不断总结成功经验，形成了自己较为完备的智慧团队建设机制，它从整体和个体两个层面出发，为我校智慧团队的打造开辟了道路，既保障了教师队伍的整体培养目标达成，又给予了教师个体足够的专业化发展空间和机遇。

1. "润泽教师"整体团队建设策略

俗话说，"一木难燃火，一人难当差"，团队力量的提升是竞争力的源泉。我校始终把教师团队建设放在重要位置，并在多种探索与实践中总结了一套成熟的团队建设机制，有效保障了我校师资力量储备，为我校整体教学品质的提升奠定了坚实基础。

（1）加强学习，提升教师队伍专业化水平

我校充分利用各方资源，为教师提供丰富多彩、有针对性、有实效性的课程，课程涵盖课程设计、课堂管理、现代教学技术以及教师心理辅导。通过教师培训，帮助教师打开眼界，提升境界。在提升教师专业化水平的基础上，助力我校的可持续发展。

（2）开展教师结对青蓝工程

针对我校年轻教师较多的特点，我们开展了"结对青蓝工程"。新老教师结成对子，老教师作为"师傅"，新教师作为"徒弟"，以老带新保持团队竞争力。在备课中，教学对子互相进行教案互查和反馈。在教学中，两种思想的交流和碰撞对教学产生了很大的促进作用。"结对青蓝工程"中，年轻教师的业务水平得以提高，教师们在学科知识、大纲要求、教材处理、教学方法、作业设计等方面的认识得以提高，为学校健康持续发展提供了支持和保证。

（3）召开多种层面的教师工作研讨与经验交流会

我校坚持每学年举办一次德育工作、教学工作、科研工作研讨会，为全体教师提供一个工作研讨与展示的平台。每次的研讨会上，我校保持“每位老师交流发言”的传统，全体行政人员参与。研讨会不仅让教师们相互交流学习，同时也增强了我校领导与老师的凝聚力。

（4）建立“班主任工作室”

我校通过建立“班主任工作室”，继续开展骨干班主任师徒结对活动，发挥学校骨干班主任的引领作用，带动青年班主任教师的成长。在班主任工作室中，我校通过组织例会，集合教师依据学生年龄特点、心理特点，不断反思、梳理符合学段习惯培养模式，进一步研究九年四段式习惯养成衔接培养与策略研究。另外，我校每月开展 1~2 次专题研究，研究主题例如：如何培养学生的好习惯、如何落实“依法治班”、如何进行班会课设计、如何组织班级家长会、如何做好问题学生精准转化工作等。我校还通过各校部的优秀教师的共同点评、探讨，探索九年一贯的班级管理模式。

（5）营造宽松民主的人际环境

为了激活教师教书育人的主动性和创造性，我校构建了一套有效的激励机制，使教师切实感到力有所用、才有所展、功有所奖，诱发教师形成正确的、高尚的优势动机，产生积极的心理动力，以使教师内在得到充分的开发。同时，在尊重激励、目标激励、成就激励等方面开展研究。

（6）创设舒心温暖的工作环境

一个好的工作环境对于保持良好心情，提升工作品质具有积极作用。因此，我们对于教师的工作环境给予了高度关注，并采取了一系列措施。例如在校内开展美化校园、绿化办公室等活动；通过建立“教工温馨小屋"形成教师活动文化体系等形式，为教师创设舒心的工作环境。

2. "润泽教师"的专业化成长途径

这是一个崇尚团队合作的年代，也是一个包容个性的年代。在保障教师团队整体"达标"、发展有所凭借的基础上，我们充分尊重教师的个体化差异，为每位教师提供了专业化成长的多种途径，力求每位教师都能在我校这个大家庭中找到最适合自己的发展之路。如我校建立了"教科研与教师专业发展中心"，实现教师专业发展支持和教科研活动的常态化；开展教师读书活动，不断提升教师的理论水平等。除此之外，我校还建立完善了旨在推动教师发展的九大校本研训机制，培养教研相长、深思力行的润泽教师。

（1）集体备课机制。充分发挥集体备、观、议课在教师队伍建设中的重要作用，实施开展主题式集体备课制度。备课组每周集体进行教研活动一次，定时间、定主题、定中心发言人，研讨教学中的教学目标确立、关键问题的设置、课堂学习中重难点的处理、练习题与检测题目的设置等，真正做到了新老教师在研讨中的共同成长。

（2）小课题研究机制。依据我校教育教学中存在的疑点难点，学校在学年初发布需要深入研究的教育教学中的小课题，老师们进行认领。然后在日常工作中，各个教师结合自己的教育教学，进行突破疑难点的实施策略研究，寻求解决问题的有效措施，用以指导个人的工作，在提高教师科研水平的同时，为学校的教育教学改革推进提供实践支撑。

（3）课堂教学大赛机制。我校每学年举行一次全校性的课堂教学大赛，以督促教师深度理解课堂教学的实质，实现教师教学能力的提升。所有任课教师全员参与，学校成立学术委员会，对每个教师的课堂教学进行评价，并及时反馈给老师本人，指出其存在的不足及改进之处，使老师们明确自己在实施课堂教学方面的问题所在，不断提升自己的课堂教学水平。

（4）骨干教师课堂展示机制。由市级、区级、校级骨干教师每学期开展一次示范引领课，充分发挥他们的辐射作用，用以带动学校教学改革，在促进骨干教师业务不断发展的同时，引领其他教师的专业成长。

（5）青年教师课堂过关机制。为使青年教师尽快成为一名合格教师，学校为青年教师配备师傅，建立青年教师人人课堂过关制度。在入职的第一年，每个青年教师每学期至少要上一节过关课，通过“课前精研—同组观课—课后评议—师傅指导—再次授课”五个环节，帮助新教师达到学校规定的课堂过关要求，同时也有效落实了对新教师课堂教学能力的培育。

（6）学科工作坊研究机制。学校分学段分别建立了语文、数学、英语等学科工作坊，学科工作坊由同学段同学科的教师组成，实行组长负责制，由组长具体负责组织开展活动，采取集体研讨与个别辅导相结合的方式进行，集体研讨每月不少于1次，主要解决教育教学过程中出现的问题。学校为每个工作坊聘请了北京市知名学科教研员作为专家，进行集体研讨的现场指导，开展教学设计、课堂教学研究、观课、议课、小专题讨论、疑难解答等活动，除每个月的集体研讨外，其他时间专家还随时在线上进行个别指导，极大促进了教师的专业成长。

（7）课例研究机制。学校定期组织课例研究，总校每学期在全校范围内召开一次课例研讨会，各校部每月召开一次课例研讨会。会上由在教育教学研究方面表现突出的学科教师进行课堂教学展示，同学科或近学科的教师进行观课。课堂教学展示后，执教老师结合自己的理解，向观课教师阐述自己在教学中的设计与实践操作，然后观课教师再结合个人理解，对执教老师的公开课进行评议，达到教师之间的思想碰撞，提升教师对课堂教学的深入理解，培养教师的课堂教学能力。

（8）研究成果展示机制。为及时总结老师们在教学工作中的经验，促进教师的反思意识，提升教师的教学实践反思水平，学校每学年组织一次教学成果展示，老师们对自己在教育教学中的做法进行梳理，学校从是否遵循教育规律、符合教育教学改革方向，有无创新性、操作性、推广价值等方面对成果进行评价，从中选取有代表性的作品，在全校进行展示交流，使老师们之间相互学习、相互借鉴、共同提高。

（9）名师工作室专题研究机制。为充分发挥学校骨干教师在课堂建设中的示范引领作用，实现名师、教师的共同成长，学校成立了由区级以上部分骨干教师为主持人的11个名师工作室。教师在名师们的引领下进行理论研究，提升专业理论水平，从而带动整个教研组的教研水平再上新台阶。

为保障九大研训机制落到实处，我校还建立了四大研训策略，即共同价值观策略、教学行为转变策略、问题变课题策略和学习共同体策略。这九大研训机制、四大研训策略都贯穿、落实在教师成长路径之中，共同促成了教师的专业发展，从而为"润泽教师"培养及全体教师的可持续发展提供支撑。

智慧团队的建设是一道常新命题，我们今天所规划的方向、建立的体制均是在教师团队建设中积累下的宝贵经验，也是全体老师共同努力的结晶。但在未来的发展中，我们决不能止步于此，而是要在社会变革、教育改革的推动之下，不断完善对这一命题的思考，不断给出我们的"新解"。

三、文化自觉视域下的师德建设

我国著名教育家陶行知曾说道：“因为道德是做人的根本。根本一坏，纵然使你有一些学问和本领，也无甚用处。”作为一名教师，要具备更高的思想觉悟，无论在言行举止还是道德境界层面，都要以“学为人师，行为世范”的标准来要求自己，以德服人，以德育人，培养出德才兼备的学生。我校的师德建设立足“润泽教育”的办学理念，从文化出发，自觉践行与落实，有效保障了教师团队师德水平的提升。

（一）新时代下，师德建设之思考

“真挚的心灵是学生情感的钥匙，高贵的师德是学生心灵的明镜。”从古至今，教师的职能虽然历经变迁，但高尚的师德却是一种永恒的追求。因为教育是一种心灵与心灵的对话，人格对人格的影响。没有高尚的师德，也就培养不出德优的学生。师德的作用不言而喻，随着时代的发展，师德的重要性愈加突出，主要表现在以下两个方面。

崇高的师德是深化落实新课改的保障。师德建设的根本目的，在于将社会对师德的要求内化，并转化为教师的教育教学行为。随着素质教育的推进，深化课程改革必然要求教师从传统的教育观念与方式方法中解放出来，以适应、满足社会发展对教育的深层次需求。因此，在现代教育中，学校师德建设被赋予了新的历史使命，师德建设难度进一步加大，学校管理者更应对此给予高度重视，广泛借鉴、审慎思考，结合本校发展实际，找到适合自己的师德师风建设之路。

优良的师德风尚是学校文化建设的重要组成部分。文化是一所学校凝聚力和活力的源泉，也是学校发展的核心与本质所在。而教师正是学校文化的重要载体与创造者，教师的师德境界和师能成果对提高学校文化层次、丰富学校文化内涵发挥着重要作用。因此我认为师德建设构成了学校文化中最基础、最必要的部分，甚至能够决定一所学校文化建设的成败。从这个角度上说，实现学校的内涵式发展，不能脱离师德建设，学校管理者应借助师德建设，激活教师群体的积极性与能动性，在彼此成就中实现良性互动。

总之，新时代下的师德建设对于学校的发展而言意义非凡，如何实事求是地高效开展学校的师德建设，避免无用功、走弯路，是每一个具有发展意识的管理者都应当思考的问题。

（二）师德建设，应与学校文化相得益彰

我认为，师德本身是一个文化概念，师德建设就是一种文化建设。它包含教师的道德品质、思想信念、对教育事业的态度和情感，以及相关的行为习惯等。一所学校的师德师风有其特定的文化意蕴，是教师在长期的教育实践活动中形成的道德品质、行为风尚、治学态度等方面的综合体现，也是学校教师文化选择的结果。在这样的思路下，我认为在我校的师德建设中遵循以下两点原则。

首先，师德建设要立足"润泽教育"文化底蕴。经过诸多探讨，我校提炼出了自己的以"润泽教育"为核心的文化体系，力求以"润泽教育"为圆心，构建自己的文化"磁场"。师德建设同样要在"润泽教育"的基础上进行创新与发展，使之与学校的核心理念彼此协调，融容共生；不断丰满、创生"润泽教育"的内涵意蕴，让我校师德建设更具自己的文化特色。

其次，师德建设要充分发挥文化的价值导向功能。文化的核心是价值，办学文化的本质是一种精神追求和价值导向，它能够激发教师内心深处的共鸣与行为响应，使之产生强烈的认同与信仰。因此，我校在师德建设的过程中要充分挖掘“润泽教育”的内涵与价值，以“润泽”之力凝聚人心，以“润泽”智慧浸润师德建设内容，让我校的师德建设更具持续发展的动力。

基于以上两点，我校的师德建设尊重了“润泽教育”的办学之魂，理顺二者关系，巧借文化之力为其进一步深化发展指明方向。

（三）立足文化视角，完善德育路径

在这样的思考下，我校形成了在文化视角下进行师德建设的总方针，充分贯彻学校“润品育能，筑基未来”的办学理念，“打造一所温润的卓越之校”的办学目标，“润泽、博雅、睿智、平和”的校训精神，形成了具有我校文化特色的师德建设方法与策略，为师德建设的持续发展奠定了文化与制度保障。

1. 培育优秀文化，引领师德风尚

文化对人的影响是全方位的，更是从内而外的。一所学校秉持着怎样的文化，他的师生就会表现出怎样的特性；提倡怎样的风尚，他的师生就会具有怎样的风貌。因此，我们非常注重培育优秀的教师文化，希望在优秀文化的带动下促成高尚师德的形成。同时，我们立足“润泽教育”的文化意蕴，在提炼这些优秀文化时紧紧围绕学校的核心理念与办学目标，打造了“成就每一位个性化教学风格的教师，提供适合每一个学生发展的教育，办一所有文化特色的学校”的共同愿景，和“教研相长、深思力行”的教师文化。

其中“成就每一位个性化教学风格的教师”和“提供适合每一个学生发展的教育”要求教师永远心系学生，将学生的发展放在第一位。而一个具有高尚师德的教师必定为了学生的发展不断自我充实、自我提升，将自我价值的实现建立在学生成长成材的基础上。因此，共同愿景的打造从根本上将“爱岗敬业”“关爱学生”的职业道德基本规范贯彻到了实际教育教学工作当中。

"教研相长、深思力行"的教师文化从"教"与"研","思"与"行"两个维度对教师的教师风范提出了要求。在这一文化的落实中,教师专注于专业能力和素养的形成,以及为人处事风格的养成,将"教书育人""为人师表""终身学习"的教师职业道德扎根在自己的教育生涯当中,在持续的历练中提升自身的师德境界。

2. 制定行为准则,明确师德标准

在文化引领之下,师德建设还需要具体的执行规范,用以更加精准地帮助教师在日常工作当中自我约束、执行到位、快速提升。为此,我校立足核心理念与校训精神,总结出了一些基本的教师行为准则,完善了自身的德育建设路径。

从"看得见"的地方着手,我们为教师师德品质的历练提供明确的方向,包括教师的仪容仪表、教学成绩、工作作风等方面内容。我们要求教师做到衣着整洁,态度和蔼可亲;教学成绩达到"课程标准"的要求,具备一科较"亮"的成绩;在日常工作中静下心来,潜心教研,不断发现问题、解决问题。这些内容规约教师从自身的一言一行做起,养成崇高师德。

从"看不见"的态度入手,为教师师德品质的养成提供情感的滋养。从这一维度出发,我们要求教师珍惜自己的岗位,以人民教师的职业为荣,享受在教师岗位上的酸甜苦辣;珍惜自己的人生,正确认识自己,培养积极健康的人生观,用卓越的工作来实现自己的人生价值;珍惜身边的友情,牢记"金无足赤,人无完人",在团队中形成一种互爱互助的良好氛围,增强团队意识与合作品质,以良好的情绪、饱满的热情迎接每一个新的开始。

从处理教师自己与他人的关系入手,为教师师德品质的提升创造健康的心理环境和人际环境。首先，要善待学生，用自己的真情、真心、真诚尊重学生、善待学生、呵护学生，成为学生的良师益友。其次，要善待同事，与同事相互理解，和睦共处，形成轻松愉快、高效沟通、精诚合作的工作环境。最后，教师要善待自己，一个善待自己的人，才能善待别人；懂得自己需求的人，才会明白他人的期盼，最终铸就一个和谐有爱的团队。

3. 完善评价体系，促进师德扎根

师德建设最终还是要以师德评价作为基本保障。为此，我们创设了“润泽教师”的评价体系，以多把“尺子”衡量教师，尽量全面、科学地评价教师的表现与成绩，以促进教师的自我反省、自我激励，从而切实保障高尚师德的生根发芽。

在“润泽教师”评价体系中，我校建立健全了各项评价办法，出台了上述一系列评价制度，从教学常规、课堂管理、教学成绩、研究性学习指导与发表的论文、校本课程的开发能力与实施能力、德育管理能力、团队精神与合作能力、对学校的贡献、对青年教师的培养十个方面予以评价。建立教师档案，各种评价结果与教师绩效考核挂钩，使教师找到自身的优势和不足，更加明确今后努力的方向。另外，我校还将“润泽教师”的评价融入日常生活中。每周的办公会，各处室上报自己年级处室的好人好事，办公会研究，每周的升旗仪式结束后予以表彰，同时学校电子大屏幕、网站予以表彰，弘扬学校的正气。

总之，师德建设永无止境。在今后的发展之路上，我们还会坚持耕耘在教育这片肥沃的土地上，无怨无悔，真心实意地用爱为学生的成长撑起一片亮丽的天空，用高尚的师德将“润泽教育”的雨露浸润到每一个学生的心田。

第三节　贵品渊知、卓能强体的润泽课程

教育的根本任务在于立德树人，课程是实现这一根本任务的核心。特别是处于新课改的洪流之中，课程建设成为每所学校探索的"新大陆"。我校在"润泽教育"的引领下进行了具有文化特色的课程建设，形成了"贵品渊知、卓能强体"的课程目标、富有校本特色的"润泽课程"体系、生动灵活的课程实施路径，以及多维度的课程评价体系。一系列的建设与成果推动了我校的课程变革，形成了课程创新点，有力促进了我校课程品质的提升，保障了立德树人根本任务的深度落实。

一、课程建设的背景思考与目标确立

《孙子兵法》有云："夫未战而庙算胜者，得算多也；未战而庙算不胜者，得算少也。多算胜少算，而况于无算乎！"可见万事万物的成功仰赖于行动之前的"庙算"，在大方向上有了主见，方能在接下来的行动中稳操胜券。我校课程建设是一个久久为功的过程，在具体的行动前需要对大的课程背景、我校课程发展现状有一个系统的把握，在此基础上才能确立课程目标，步步为营，逐步完善自己的课程体系。

（一）课程视角下的国家政策分析

新中国成立 70 多年来，我国历经 8 次基础教育课程改革，主要分

为两大阶段：一是1978～2001年学校的改革探索和国家课程方案的改革调整阶段；二是2001年至今的“新课改”的全面展开与反思深化阶段。[①]

2014年《教育部关于全面深化课程改革落实立德树人根本任务的意见》中提出：“突出强调个人修养、社会关爱、家国情怀，更加注重自主发展、合作参与、创新实践。”

2015年《北京市实施教育部〈义务教育课程设置实验方案〉的课程计划》昭示着课程建设更加关注课程的综合化、主题化，强调课程整体育人的功能和价值，课程实施更加关注学生的学习体验、动手实践及创新意识的培养，突出实践育人的价值。

2016年关注学生“文化基础、自主发展、社会参与”三方面6大核心素养框架正式发布。同年，北京市出台了《北京市深化考试招生制度改革实施方案》，推进考试招生制度改革，全面深化基础教育课程改革。

理论研究与政策规定不断推动实践改革，这要求我校不断深化课程改革，确立体现时代精神的新的课程价值观，完善与提升我校课程规划、开发和实施的能力，构建符合素质教育要求的新的基础教育课程体系，促进我校的特色化建设与教学的创新性变革，最终实现促进学生全面发展基础上的个性化发展，落实立德树人的根本任务。

（二）课程视角下的校情全面分析

1. 基本情况

我校始建于1985年，地处中轴线上，位于朝阳、海淀与西城三城区的交汇处，课程资源丰富。我校一直秉持全面落实党的教育方针，依

---

① 参见郭华：《中国课程改革四十年》，《湖南师范大学教育科学学报》2018年第6期。

据学生的实际情况，根据社会的需求、家长要求，全面实施素质教育，着力促进每一位学生在原有基础上健康发展的理念。

2015 年，我校与 3 所小学整合成为一校四址的九年一贯制学校。这对我校课程建设来说，既是机遇也是挑战：机遇是指可以发挥原有各校的优质特色，整合运用更多的课程资源；挑战是指原来四校间课程理念与课程实施不同，需要深度融合。

2017 年 4 月起，在朝阳区教委的大力支持下，我校与中国教育科学研究院开展合作办学，其在理论研究、政策制定、学校文化打造、课程建设等方面给予专业支持，这给我校课程建设提供了更大的空间，提供更多的智力支持，注入新的活力。

目前，我校已是朝阳区西部优质特色且极具潜力的九年一贯制学校。我校现占地面积 40498 平方米，校舍面积 22600 平方米，拥有包括市级学科样板的专业教室共 31 间。我校有 65 个教学班，在校学生 1700 余名，80% 左右的学生为京籍学生，生源相对稳定。学生的学习需求、学习基础、兴趣特长、个性品质等都对课程水平提出较高要求，各个阶段学生身心发展的特点要求课程充分满足九年一贯发展需求。我校有 182 名教师，其中特级教师、市级骨干教师 6 人，区级及以上骨干教师共 45 名，占教师总数的 25%；拥有博士、硕士学位的教师占教师总数的 30%，师资力量雄厚。历年中考，平均升入北京四中、八十中学、陈经纶中学等市区示范校近 70%，普通高中上线率近 90%，合格率 100%。

2. 已有课程探索

我校自建校以来，课程建设主要经历了四个阶段：

第一阶段：萌发（1985~2000 年）

主要以“三个面向”为指导，加强学生基础知识与基本技能训练，充分体现基础教育的“基础性”。20 世纪 90 年代开设第二课堂，学生的思想觉悟得到提升，知识面得到拓展，动手实践能力得到提升，个性得到较好发展。

第二阶段：探索（2001~2009 年）

新课程改革以来，我校深入学习“新课改”理念，知识与技能、过程与方法、情感态度与价值观三维目标受到重视，学生主体性得到高扬，课堂的气氛比较活跃，学生活动实践机会增多。教师课程意识增强，我校开设 20 多个社团，涉及体育、艺术、文化、生活等各个领域。我校先后被评为北京市三礼示范校、市级课间操示范校、市级法治先进单位、朝阳区精神文明单位，中考成绩位居前列，多次受到区里表彰并作经验介绍。

第三阶段：发展（2010~2016 年）

我校进一步完善办学理念和育人目标，更多的教师根据自身的特点开设课程，但是我校课程尚处于碎片化阶段，整体性设计不足，课程缺乏整合。课程实施进入到思考力课堂建设阶段，研究性学习进一步深化。

第四阶段：深化（2016 年至今）

我校育人理念进一步明晰，校本化的学生素养进一步确立，我校集中精力进一步梳理、整合已有课程，开发 STIP 等研究性课程，以高质量建设思考力课堂为核心，注重发挥课程的整体育人功能，更好地实现立德树人根本任务。学生阳光大气，遵守规则，善于思考与合作，勇于创新，80% 以上的同学有不同等级的获奖。我校先后获得全国十佳科技创新校、全国首批学校体育工作先进学校、北京市学生金鹏科技团、北京市金帆管乐团、北京市阳光体育示范校、北京市足球示范校，朝阳区科研先进单位、朝阳区教育教学成果奖等荣誉称号或成果，中考连创佳绩，获得朝阳区中考优秀奖。

3. 我校发展面临的问题与挑战

第一，肩负神圣使命。我校是朝阳区教委与中国教育科学研究院共建学校，这要求我校在以教育内涵优质发展为主线的朝阳区教育现代化和教育强区建设中承担重要使命。我校的定位是建设成为中国基础教育有影响力的优质学校，这为课程建设的领导力、实施能力和效果带来了新的挑战。

第二，我校育人模式存在差距。我校是一所与高等科研机构合作办学的九年一贯、多址办学的学校，各校部如何在我校课程方案的整体规划下，结合学段、学部的实际，发挥各自优势，创造性地实施课程，做好九年一贯的衔接与课程的融合，促进全体学生全面发展基础上的健康发展，更好地培养学生的素养，落实立德树人的根本任务，都要求通过课程顶层设计改革我校育人模式。

第三，我校内部治理尚需优化。我校多址办学，在机构设置、管理创新、制度建设、运行优化等方面虽做了很多探索，取得了一定成绩，但与国家、市区要求以及学生、家长期盼还有一定差距。

综合以上分析，我校充分认识到要实现深入、持久的健康发展，就要在继承中创新，进行深入的课程改革。在研究人员和我校教师之间形成“实践共同体”，围绕变革实践中产生的问题展开“实践性讨论”。在理性分析基础上，形成我校课程改革方案。

（三）全面考量下的我校课程发展方向

经历了对国家政策和我校校情的全面考量，我校开始对自己的课程发展方向做出规划，从课程的发展目标和课程的育人目标两方面出发，清晰定位了我校课程的发展方向。

1. 总体目标

课程方面：以“坚决落实、校本化实施国家课程，一定程度上优化地方课程，创新性地开发校本课程，构成一个具有基础性、时代性、实践性、多样化与一体化的课程体系”为基本思路，分阶段逐步完善我校课程体系，确保在学习的过程中提升学生的核心素养，高质量落实立德树人的根本任务。

学生方面：学生学习的主体地位突出，拥有个性发展空间，切实成为拥有高贵品格、渊博知识、卓越能力和健康体魄的会思想的卓越的行动者。

教师方面：继承我校优秀的历史文化传统，着眼于学生的全面发展基础上的个性化发展，积极参与到我校课程建设中来，并不断提高课程的开发、实施与评价能力，提高综合素养。

2. 课程目标

在“润泽教育”的办学理念与“润养会思想的卓越行动者”的育人目标的引领下，我校将课程目标确定为“贵品渊知，卓能强体”，通过课程的落实使学生在品格、知识、能力、体魄方面获得持续发展。

“贵品”，即高尚的品格和卓越的品性，具体指学生具有家国情怀、底蕴深厚，能够积极进取、勇于担当、创造创新。

“渊知”，即渊博的知识，希望学生掌握自然科学知识、社会人文知识、体育健康知识和艺术审美等知识。

“卓能”，即卓越的能力，具体指学生具有较强的认知能力、思辨能力、合作能力、数字化学习能力、抗挫与坚持的能力、探究研究的能力、创新与创造的能力、领导能力以及其他诸多能力。这些内化于学生之中的能力，将成为他们未来学业和工作中必不可少的关键能力，也是思想形成的过程。

“强体”，即学生身心健康，拥有强健的体魄和健康的心理。

“凡事预则立，不预则废。”我校的课程建设只有建立在全盘考量的基础上，才能制定出更加科学合理的目标，从而有效引导教师课程意识的提升、课程行为的转变，在全校师生的共同努力下创生课程发展的广阔天地。

二、润泽教育下，课程地图如何画

常言道：“凡谋之道，周密为宝。”“谋先事则昌，事先谋则亡。”如同一场表演需要彩排，一次航海需要罗盘，课程建设也需要遵循先“谋”后“事”的过程，提前画好一张“地图”，将课程建设的思路与特色完整表达，达到“眼中形势胸中策，缓步徐行静不哗”的理想状态。

（一）布局“润泽课程”体系

我校课程建设的总体思路是落实国家课程方案，适应每一个孩子的发展需要：面向全体，在开足开齐开好基础性课程基础上，探索校本化整合与优化；面向群体，进一步丰富拓展性课程，拓宽学生视野，让我校特色更加明显；面向个体，开发研究性课程，满足特需。

具体而言，我校提出了“润泽教育”的教育主题，并将“润泽教育”的核心定位在“润品育能，筑基未来”上，将国家提出的核心素养目标校本化为“会思想的卓越行动者”，包括品格、知识、能力、体魄四大方面，形成了完善、严密的育人理念系统，以此为指导不断深化我校课程改革（见图4-5）。

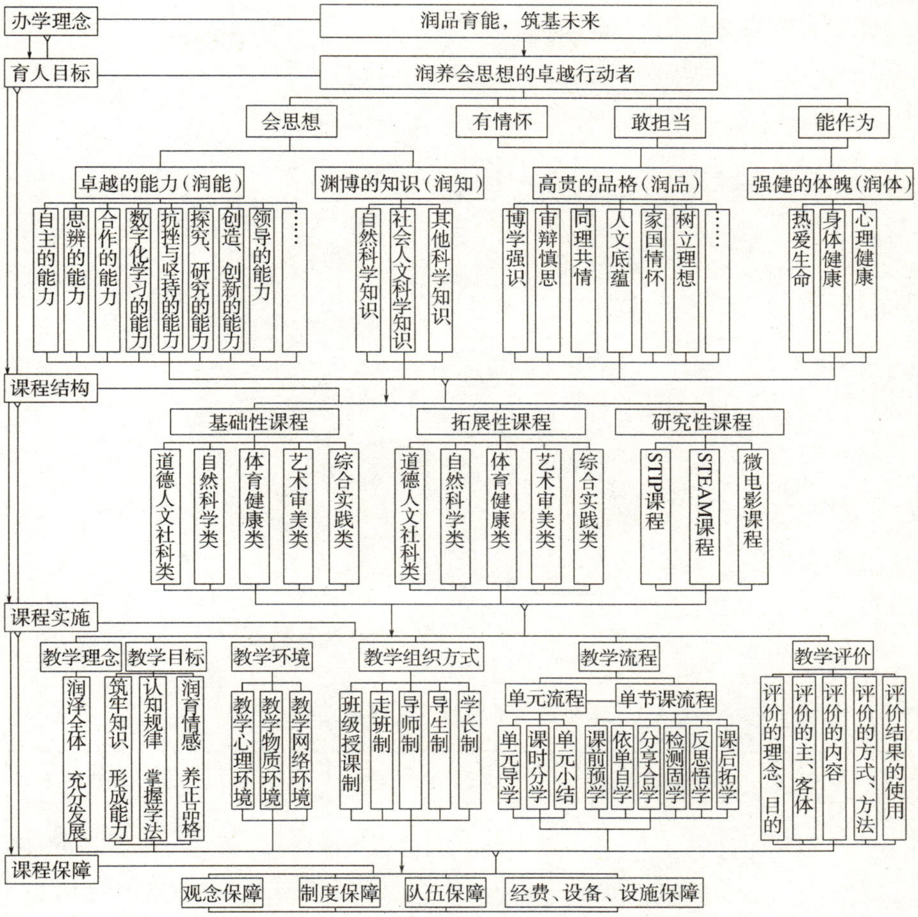

图 4-5　朝阳实验学校“润泽教育”课程体系及实施基本框架图

（二）搭建“润泽课程”结构

1. 三级课程结构

我校将三级课程进行模块化整合，从课程功能角度，以学生为本，注重课程之间的联系，把课程分为三层次五类别：三层次是指基础性课程、拓展性课程和研究性课程；五类别是道德人文社科类、自然科学类、体育健康类、艺术审美类和综合类（见图 4-6、表 4-1、表 4-2）。

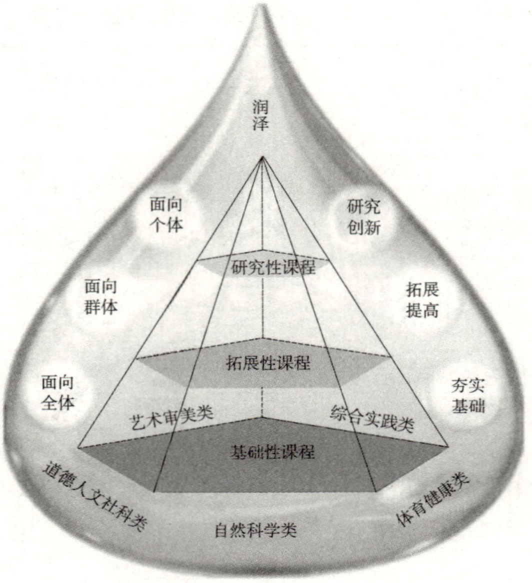

图 4-6 "润泽教育"课程分类及结构图

表 4-1 学校三类课程特点及层级关系解析表

	基础性课程	拓展性课程	研究性课程
课程特点	·面向全体学生 ·主要是国家开发的 ·学生完成基本的学习要求，掌握基本的知识内容与学习方法 ·着力培养学科核心素养	·满足学生多元选择与个性发展的需要，面向学生群体 ·市、区、我校自主开发的课程为主 ·学生在某一方向上的充分发展 ·提高学生综合素质、专业素质或生活质量	·尊重学生差异，面向个体 ·我校自主开发的课程 ·学生获得研究方法，提高研究意识，体验研究过程 ·突出培养学生的科学探究、解决问题、合作能力、实践能力与创新意识
层级关系	·拓展性与研究性课程的基础 ·为拓展与研究性课程的学习提供知识、技能与创新实践的基础支撑	·基础课程之上学习领域的深化与拓展 ·为研究性课程的创新与实践提供较高水平的知识与技能支撑	·基础性与拓展性课程的深化与拓展 ·跨学科综合运用学习领域的知识与技能

表 4-2　学校小学与初中开设的三类课程一览表

	小学	初中
基础性课程	1. 道德人文社科类：语文、英语、品德与生活、品德与社会、班会 2. 自然科学类：数学、科学 3. 体育健康类：体育、心理健康 4. 艺术审美类：音乐、美术、书法 5. 综合类：综合实践活动	1. 道德人文社科类：：语文、英语、历史、道德与法治、班会 2. 自然科学类：数学、生物、化学、物理、地理 3. 体育健康类：体育、心理健康 4. 艺术审美类：音乐、美术、书法 5. 综合类：综合实践活动
拓展性课程	1. 道德人文社科类：英语戏剧、儿童戏剧表演、绘本戏剧、朗诵、话剧、播音、身边的中国文化、国学、快板、书法、主持人、《三字经》修身课程 2. 自然科学类：VEX 机器人、车模、科技探索、北斗、航模、建模 3. 体育健康类：花样跳绳、快乐啦啦操、艺术体操、快乐街舞、跆拳道、板球、足球、轮滑、国际象棋、围棋 4. 艺术审美类：漫画、布贴画、京剧、踢踏舞、儿童舞蹈、魔方、空竹、中国鼓、剪纸、打击乐、儿童画、中国画、彩泥空间、架子鼓、编绳、科幻画、创意美工、魔术、手工民俗、中国结、管乐、合唱 5. 综合类：体育节、艺术节、科技节	1. 道德人文社科类：英语戏剧、主题阅读、辩论、节日课程 2. 自然科学类：VEX 机器人、车模、Noc 数学与你同在、3D 打印、DI 创意、科学微电影、无线电、物联网课程 3. 体育健康类：田径、排舞、篮球、足球 4. 艺术审美类：创意学院绘画课、创意学院建筑模型课、服装设计、3D 设计、管乐、合唱 5. 综合类：体育节、艺术节、科技节
研究性课程	研究性学习、科技小论文	STIP 课程、STEAM 课程、微电影课程

（1）基础性课程

基础性课程是指在学生的成长过程中发挥基础性作用的课程，其中大部分课程都是国家开发的，包括语文、数学、英语、音乐、美术、体育、历史、地理、道德与法治、品德与社会、科学、综合实践活动等课程。我校请教材专家和课程专家进行风险评估，将课程整合为德育人文社科类、自然科学类、体育健康类、艺术审美类和综合类五大板块，适度整合课程，融合德育与学科课程，为学生提供完整的教育情境，促进学生关心世界、关注生活、系统思考、全面发展。

（2）拓展性课程

拓展性课程是指从基础性课程中进行拓展性开发而形成的新课程。这类课程是为了丰富学生的学习生活，在基础性课程基础上，拓展学生的知识面，满足学生的兴趣特长，增强学生实践能力，促进学生在某一方向上的充分发展，以提高学生综合素质、专业素质或生活质量为目标。此类课程由学生根据自己的需要进行自主选择。为适应九年一贯制学校特点，提高课程质量，我校对相近课程进行整合，形成科技（见表4-3）、艺术（见表4-4）、体育（见表4-5）等课程群。对于学生比较喜欢、资源比较丰富、历史比较悠久的课程进行特色化建设。

表4-3　学校科技类课程群一览表

	课程群类别	培养学生能力
汽车模型	模型类	通过设计、制作、遥控模型，培养学生动手操作的能力；学生在学习和练习的过程中思考、操作、实践、碰撞、创新，使其在学习模型知识的同时关注自然、关注生活、关注新技术。
航空模型		
船模		
建筑模型		
vex 机器人	机器人类	通过设计、搭建、编程、运行机器人，培养学生建立初步的编程思想，此外机器人融合了机械、电子、计算机及人工智能等多种先进技术，很好地培养学生的综合能力。
乐高机器人		
智能机器人		
DI 创新思维	创意类	通过完成任务，培养学生养成创新思维的习惯，记录身边的科学现象，发现问题、解决问题的能力，团队合作的能力以及艺术创作的能力。
北斗		
3D 打印		
科幻画		
科学微电影		
无线电	其他类	培养学生建立良好的沟通意识，掌握基本的急救知识，培养学生具有野外生存的能力，处理突发事件的能力。

表 4-4　学校艺术类课程群一览表

	课程群类别	培养学生能力
管乐	音乐类	培养学生爱好音乐的情趣，提高学生的音乐审美能力，感受力、鉴赏力、表现力和创造力，提高学生的音乐素养。
舞蹈		
合唱		
戏剧		
剪纸	美术类	引领学生学习绘画与制作的本领，激发学生学习热情，提高学生的想象能力、造型能力、色彩能力等审美能力，促进学生全面发展。
儿童画		
科幻画		
纸上园林		
绘画		
建筑模型		
3D 设计		
创意思维		

表 4-5　学校体育类课程群一览表

	课程群类别	培养学生能力
小足球	高水平运动训练	培养学生专业运动水平，增强学生竞技能力，培养学生顽强拼搏的意志品质。
板球		
定向越野		
田径		
轮滑	运动技能	普及推广校园体育运动，提高学生运动兴趣，丰富学生体育运动技能，提高学生身体素质。
篮球		
花棍		
花样跳绳		
空竹		

续表

	课程群类别	培养学生能力
健美操	形体健身	丰富学生体育运动技能，培养学生终身体育意识，提高学生体育审美，塑造良好体态观念。
艺术体操		
快乐体操		
排舞		
足球操	体能运动	发展学生身体素质，普及推广校园足球，提高足球运动技能。
新体能		

（3）研究性课程

研究性课程是学生在教师指导下，凭借一定的内容载体进行的，以研究性学习为主要方式，以直接经验的获得和创新精神、实践能力的培养为主要目标的生成性课程。虽然在学科教学中也有科学研究课，但研究性课程的核心形态是专题研究课，更加侧重于对学生未知领域和社会未知领域的探索，即学生在学科领域或跨学科领域选择、确定专题，以学生独立或小组自主学习和研究探索为基本方式，以获取多种直接经验、运用基本的科学方法、提高整合所学知识，解决实际问题的能力为目标的课程。我校的研究性课程主要包括 STIP 课程、STEAM 课程和微电影课程。

2. 九年一贯制衔接课程

我校充分认识九年一贯制学校的连续性、系统性、整体性的办学特点，遵循学生身心发展规律，比较中小学生课程的共同性与差异性，找准中小课程之间的衔接点，积极整合中小学资源，促进初中与小学教育相互衔接。着眼于课程、课堂和教材，我们重点从四个方面进行衔接：第一，中小学基础性课程内容衔接；第二，中小学拓展性课程的衔接；第三，习惯与品格养成的衔接；第四，教与学方式上的衔接。通过有序的课程实施，有效实现了教育工作的整体性性和学生发展特别是特长发展的连续性（见图 4-7）。

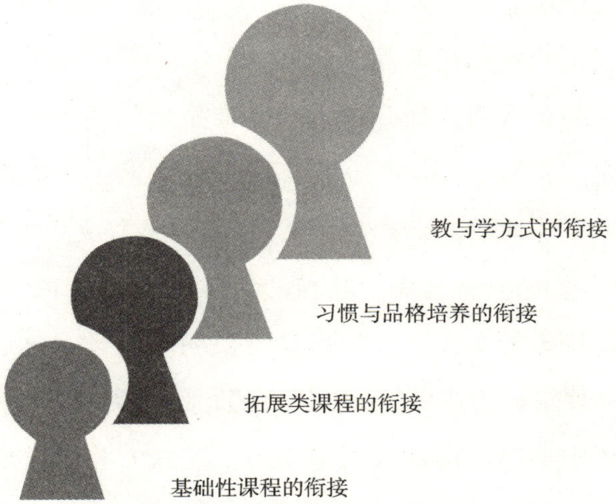

图 4-7 “润泽教育”中小衔接课程示意图

从宏观的课程体系布局，到中观、微观的课程结构、内容规划，我校“润泽课程”以丰富的层次和成体系的组织，彰显出我校在课程领域的领导水准，同时为我校师生提供了成长与发展的舞台。相信在科学合理的“课程地图”导向下，我校今后的课程建设能够日臻完善，成为我校一张亮丽的“名片”。

三、课程实施之一：基础性课程的规范化落实

基础性课程承担着为学生打下发展根基的重要“使命”。因此，我校对于如何高效落实基础性课程的问题进行了细致研讨，最终以“思考力课堂”的打造、学科教学与德育的融合、综合实践活动课程的深度落实作为三个支点，架构起了我校基础性课程的实施方略。

（一）学科课程的实施：“思考力课堂”的构建与实施

我校的课堂定位在构建“思考力课堂”，通过适当的课程，运用合理的方式，逐渐培养学生的思维习惯、思维品质与思维能力，力求使其成为“会思想的卓越的行动者”。

提高学生的思考力、提升学生的思维品质是我校思考力课堂的精髓。其核心是“三还”，即还知识以思想和情感、还课堂以活力与灵性、还学生的主体地位，让学生课堂上有自己的独立思考和与众不同的见解，促进学生的全面发展。其核心元素是“明、问、思、辩、悟、用”六个字，即教师在进行教学设计时要明晰教学目标、明确课堂提出问题的具体要求，创造良好的学习环境，使学生在思考中学习、辩论中学习、感悟中学习、实践应用中学习。这六大关键教学元素是基本式，但并非每个学科、每堂课都要体现，而是基于学科、基于课型、基于任务要有不同的体现。

思考力课堂具有以下特征：一是核心教学元素与学科变式的充分结合；二是知识、能力和情感态度多重结合；三是我校育人理念、育人目标与课堂教学的深度契合，最终培养的是成为基础扎实，具有独立性、批判性、创造性和合作精神的优秀学习者，成为未来社会的主人；四是强调基本式与变式的结合。

我校经过探索形成“思考力课堂”6 字诀——“明”“问”“思”“辩”“悟”“用”，着力体现“润泽教育”理念，实现“明标启思、内化生成、领悟实践”的育人作用。其主导模式是：教师利用预设的或生成性教学情境，使学生产生疑难，进而指导他们运用合理的思考过程和方式解决相应问题，从而推动学生在学习知识、技能和具体解决问题的过程中实现思考力的有效发展（见图 4-8）。

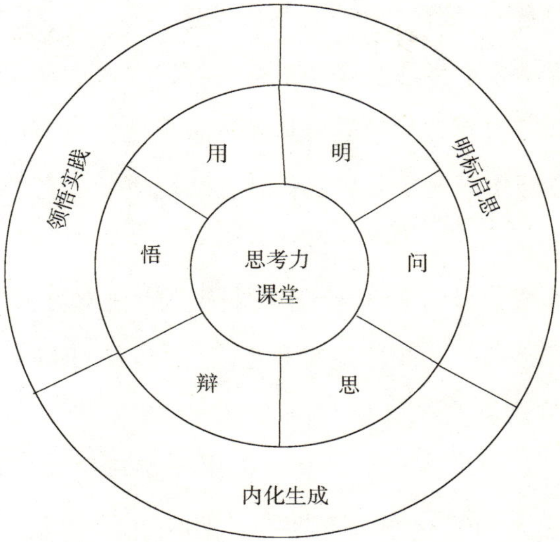

图 4-8　“润泽教育”课程实施（思考力课堂）的关键要素图示

（二）学科教学的德育取向与多元路径

为落实立德树人的根本任务，实现“贵品渊知，卓能强体”的课程目标，我校将德育与学科教学有机融合在一起，重点做到了以下两点：一是教师把德育看成是教学目标中不可缺少的组成部分，形成明确的学科德育取向，把具体的德育目标融入并写进教案中，实实在在地落实到教学过程中，并作为判断教学是否成功的重要标准；二是找到在学科教学中实施德育的有效路径，不但有利于德育目标达成，而且也有利于提高课堂教学的效益，加深学生的理解、体验和情感共鸣。

以语文学科为例，我校探索出 4 条学科德育路径：

第一，深入挖掘文本内容及语言知识的德育价值。这主要通过两种措施得以实现：（1）抓住文本的重点、难点、矛盾点、空白点、美点等内容，用一个词、一句话或一个问题，激发学生的道德思考，深入挖掘文本中蕴含的深层的德育资源。（2）努力发现和挖掘字、词与修辞等语言形式中包含的德育价值。为达成上述目标，始终坚持两个原则：一个是善于捕捉学生的生活实际和道德关切，通过选择关涉学生道德困惑或冲突的例句等引起学生的学习兴趣，触发他们对道德问题的思考和关注；二是在备课中反复推敲，选择教育功能更为丰富的例句，进而提高课堂效益。

第二，选择或设计有利于实施学科德育的教学方式与方法。主要从以下三个方面着手：（1）选择能创造更多德育机会的教学方式。（2）选择更能体现社会主义核心价值观的教学方式。如，与满堂灌的教学方式相比，有效的讨论、对话与合作等学习的方式更能体现民主与平等的价值观念。（3）选择更具针对性的教学方式。

第三，善于利用和发掘教学过程中的德育时机。与传授知识相比，在学科教学中实施德育更具复杂性，在把握德育时机方面重点关注以下两个方面：首先，教师需要具有高度的德育敏感性和丰富的德育经验。其次，要依据学生道德发展规律来寻找教育时机。

第四，链接课内与课外，拓展语文学科德育的价值与实效。要有效地实现这种链接，遵循三个原则：一是把课内与课外看成一个有机的整体，统一进行教学规划和设计；二是优化设计，真正把语文知识和技能的学习与德育密切结合起来，避免另起炉灶，把语文课混同于《思想品德》课或《道德与法治》课，增加学生的额外学习负担；三是争取更多的人士，特别是家长的理解与支持。

（三）综合实践活动课程的实施

综合实践活动课程是我校学科课程的重要组成部分，反映了当代以创新精神和实践能力培养为核心的素质教育新要求。综合实践活动课程以其综合性、实践性、开放性、生成性、自主性的特点，成为弥补传统学科教学不足，培养学生探究能力、创新精神和综合实践能力的重要方式。2017 年 9 月，教育部发布《中小学综合实践活动课程指导纲要》，为中小学校本化实施综合实践活动课程提供了依据和指南。

1. 制定实施步骤

在当前中小学教育实践中，综合活动实践课程资源的开发和利用是一个难点。我校依托地处首都的资源优势，从育人目标出发，充分挖掘校内外资源，对九年一贯学校综合实践活动课程进行整体规划，从人与自然、人与社会、人与自我三个方面设计综合实践活动内容，并使三个方面能够有机融合，让学生在综合实践活动过程中能够经历不同领域，培养他们的综合素质和实践能力，促进学生的全面发展。

为了开发出优质的课程，我校在综合实践活动实施前，相关学科教学集体教研、确定主题、梳理涉及的学科、制定学习目标、年级组要研讨布置计划、整体设计教学过程，并在此基础上确立了综合实践活动课程的五步实施流程，具体为：

（1）确定各学科与综合性实践主题相关联的教学内容。

（2）各学科确定本课教学中的知识点、能力点及德育点。

（3）各学科按教学内容确定课时安排，分层次进行教学实践。

（4）确定各学科展示形式，进行综合性实践学习展示。

（5）教学效果评价与成果汇报。

2. 课程内容展示

在老师们的共同努力下，我校开发出了适合不同阶段学生的、丰富多彩的综合实践活动课程，为学生动手实践、综合运用学科知识提供了优质的素材。以下为我校各段学生开展的综合性实践活动（见表 4-6、表 4-7、表 4-8、表 4-9）：

表4-6 学校各年级综合性实践活动汇总表（1~4年级）

	学习目标	涉及学科	课题
书香世界	随着学习生活的不断深入，在大自然季节变化的同时，引导学生有意识地观察和感受大自然的变化，获得对社会、对生活的积极体验，为儿童形成乐观向上的生活态度奠定基础。在种植、记录、制作分享的活动中，增强审美的情趣。	语文	美丽的小路
		美术	小鸟是人类的朋友
		品德与生活	美丽的春天
		数学	找规律
		校本	绘本阅读
自然乐园	孩子们走出教室，亲近自然，通过观察、访问、调查、自主搜集资料，了解自己的家乡，感受大自然的神奇，自觉保护我们生存的家园。	数学	小小设计师
		语文	爱祖国　爱家乡
		美术	美丽的植物
		品德与生活	神奇的大自然
		校本	绘本阅读
植物动物——我的朋友	学习制定活动计划，搜集、整理、交流资料，在主题活动中提高综合能力。培养学生的环保意识，为拥有绿色家园作出自己的努力。	语文	《翠鸟》
		科学	《植物怎样度过"一生"》
		综合实践	《杜绝浪费，从我做起》
		信息	《橡皮工具》
		美术	《画古树》
		音乐	《小草啊小草》
		英语	《Spring is here》
		品德与社会	《维护公共卫生靠大家》
大自然的启示	1. 引导学生了解一些科学知识，发展观察、想象等能力。 2. 在对自然的观察、了解、发现中受到有益的启示，培养学生保护环境的意识。	语文	《自然之道》
		科学	《物体的结构》
		综合实践	《鸡蛋的学问》
		美术	《环保小屋》
		音乐	《春天举行音乐会》
		英语	《Is May Day a holiday?》
		品德与社会	《京城四季歌》
		体育	《体育小课环保大意识》

表 4-7　学校各年级综合性实践活动汇总表（5~6 年级）

	学习目标	学期	单元	涉及学科	课题
我和种子的对话	1. 了解现代信息传播的主要方式，能正确使用媒体，初步学会有目的地搜集和处理信息。 2. 逐步学会搜集信息，善于和别人交流信息，初步养成留心信息、运用信息的好习惯。 3. 感恩父母、老师的培养，尊重每一个生命。	二	六	语文	《写简单的研究报告》
				科学	《解剖种子》
				信息	《信息世界》
				美术	《文化大都市——北京》
				数学	《折线统计图》
				英语	《How do seeds travel?》
				品德与社会	《探访农作物的家》
京腔京韵住京城	引导学生了解传统的民风民俗，吸收民族文化智慧，感受这些独具魅力的民俗风情中蕴含的民族文明和传统美德。	二	四	语文	《藏戏》《各具特色的民居》《和田的维吾尔人》三课整合
				数学	《北京一日游》
				英语	《介绍名人》
				美术	《门神的进化论》
				音乐	《走进北京音乐文化》
				校本	《画皮影》

表 4-8　学校各年级综合性实践活动汇总表（7~8 年级）

	学习目标	学期	时长	涉及学科	课题
陕西研学	1. 参观西安的标志性建筑物，探究西安建筑的特色，感受中华传统文化的魅力，增强爱国情感。 2. 参观碑林博物馆，拓写中感受书法的魅力，探究书法艺术过程中增强审美能力与研究能力。 3. 感受壶口瀑布的磅礴大气，增强对大自然的敬畏，增强民族自豪感。	二	一周	语文	古诗吟诵、诗歌创作、游记
				历史	秦朝风云
				英语	游记
				美术	传统建筑艺术欣赏
				音乐	黄河大合唱、祖国赞歌
				书法	书法欣赏
				地理	黄河地貌

续表

	学习目标	学期	时长	涉及学科	课题
山东研学	1. 登临泰山，感受祖国大好河山，增强对大自然的敬畏之情和对祖国山河的热爱之情。 2. 参观孔庙孔府孔林，祭拜先贤，感受中华深厚的文化，增强文化自信。 3. 探究儒家文化对后世的影响，增强民族自豪感与自信心。	二	一周	语文	诵读《论语》；泰山及相关诗文学习；游记
				历史	孔子其人及儒家文化
				英语	我是小导游
				美术	绘本创作
				地理	名山欣赏
				音乐	古韵欣赏

表 4-9 综合性实践活动举例——京腔京韵住京城（六年级）

	课时	课程目标	展示形式
各具特色的民居	第一、二课时	通过"京腔京韵住京城"主题研究学习，激发孩子对传统北京住宅的兴趣，了解、掌握京味文化，感受北京建筑艺术，培养学生对祖国文化的自豪感，进而形成传承与弘扬传统文化的意识。	口语交际汇报
北京的建筑	第三、四课时	简要了解古都北京不同历史时期的建筑造型特点，了解建筑物所蕴含的人文价值，可以用简洁的方法记录在画纸上。调动学生所学的知识与技能，解决实际问题。培养学生热爱祖国首都，关注建筑艺术及其人文价值，自觉保护建筑艺术的情感态度。	学生设计的绘画、摄影作品
介绍名人	第五、六课时	学生能够在恰当的情境中运用所学语言，进行真实的交流。教师搭建平台，学生在"人物"这个话题中综合使用功能句型介绍四合院里的名人，简单介绍他们的生活、爱好、职业等，进一步提高学生交流表达相关信息的能力。	展示和交流
我们的旅行计划、可爱的家乡	第七、八课时	经历制定旅行计划的过程，学生感受自己在策划、组织、参与活动中的快乐，认识到成功地组织活动需要做好方方面面的准备工作。	春游活动方案

续表

	课时	课程目标	展示形式
北京一日游 绿色出行	第九、十课时	通过综合应用所学的知识和方法解决实际问题，学生进一步加深对所学数学知识和方法的理解，获得运用数学解决问题的思考方法，提高综合应用数学知识和方法解决日常生活现象、解决简单实际问题的能力。通过活动，增强孩子们的环保意识和社会责任感。	参观景点平面图、制定出行计划、绘制参观路线图
多学科 共同参与	第十一、十二课时	学生根据主题学习的情况，自主选择汇报和交流的方式，进行整体性交流。	多学科交流会

3. 评价举例

在综合实践活动课程的实施中，我校非常关注评价的环节，力求借助评价的方式有效保障学生的实际获得，促进教学质量的提升。为此，我校在精心开发课程资源、设计教学内容的基础上，根据各课程的特点制定了评价标准（如学生研学评价标准，见表 4-10），通过多主体参与评价使学生对自己的学习成果与表现有一个客观认识，以评价促进学生的自我反思与调整。

表 4-10　学生研学评价标准（每项评价标准分值以 10、9、8、7、6 计算）

		个人评价	小组评价	教师评价	总评
研学表现	1. 在活动中，能够遵守纪律，听从指挥。				
	2. 在各项活动中，有很好的时间观念，做到守时守信。				
	3. 在小组合作中，能够和同伴互帮互助，团结友爱。				
	4. 遵守当地风俗习惯，注重各种礼仪				
	5. 在活动中有安全意识，注重保护自身安全。				
	6. 能够克服困难，锻炼自己坚韧的意志品质。				

续表

		个人评价	小组评价	教师评价	总评
研学成果	1. 在学习中，能够认真思考，并能够完成每天的研学任务。				
	2. 完成各项作业，包括研学后的后期作业。				
	3. 注重作业质量，出色地完成任务。				
	4. 能够做到作业及时上交。				
总评					

回顾过去，展望未来。在今后的课程建设中，我们会沿着基础性课程的实施流程，通过更加规范、科学的落实，优化出更多更好的课程，从而更充分发挥基础性课程的独特优势，为学生基础能力、技能与素养的培养注入源源不断的推动力，助力他们遇见更好的自己。

四、课程实施之二：拓展性课程与研究性课程的落地

朱永新教授曾说：教室是一根扁担，一头挑着课程，一头挑着生命。如何在课堂中激活学生的潜能和特长，让生命在教育中变得鲜活，是每一个教育人需要思考的问题，也是我校拓展性课程和研究性课程的使命所在。为此，我们结合实际，不断探索课程实施方式，让学校拓展性课程和研究性课程真正落地。

（一）拓展性课程的实施

拓展型课程以培育学生的主体意识、完善学生的认知结构、提高学生自我规划和自主选择能力为宗旨，着眼于培养、激发和发展学生的兴趣爱好，开发学生的潜能，促进学生个性的发展和我校办学特色的形成，是一种体现不同基础要求、具有一定开放性的课程。我校在课程开发与实施过程中及时总结经验，形成了相对成熟的策略：

1. 开发路径

（1）围绕核心素养将所学知识学以致用，进而实现科学方法和能力上的提升。因此，寻找到基础课程中的生长点是拓展性课程开发与实施的首要任务。

（2）根据培养目标、我校特色、学生需求和可用资源，从学科知识延伸、满足学生兴趣需要及培养学生实践能力等方面开发拓展性课程。

2. 实施原则

（1）生本性原则。适应不同年段学生的心理与生理特点、学习行为能力，充分体现以生为本，尊重学生个体的差异性。

（2）系统性原则。区别于简单的活动，拓展性课程从课程内容、课程实施与课程评价方面形成一个系统，确保课程实效。

（3）连续性原则。拓展性课程体现九年一贯制特点，促进学生的持续发展，构建课程群，促进课程整体与连续。

（4）特色化原则。进一步用特色课程涵养“润泽教育”特色，追求拓展性课程精品化，实现特色化。

3. 实施的过程与方法

（1）学生自主选择。我校每学期会提供给学生课程单，并调查学生的课程需求，然后再调整预开设的课程，最后在下一学期提供完整的课程单供学生自主选择。

（2）学生分类走班。学生根据自己选择的课程，每周3次在3:30~4:30时走班学习。

（3）学生自主体验。学生有更多的参与、体验与实践的机会，充分培养学生的表达能力、操作能力、实践能力与创造能力，促进学生的个性化发展。

我校拓展性课程衔接样例及特色课程详见表4-11、表4-12、表4-13和表4-14。

表4-11　学校拓展性课程衔接样例（"汽车模型"课程）

	课程目标	课程内容	学段	教学形式
汽车原理	了解必备的汽车知识	观察外观、了解构造、原理以及分类	一年级	校本选修
			二年级	
汽车搭建	掌握汽车构造、动力	模型搭建、竞速车	三年级	社团
			四年级	
汽车创新应用	进行数据采集与分析 Arduino单片机的设计与开发	竞速车、创意车搭建、创新作品开发	五年级	社团
			六年级	
汽车课题研究	自主选题与研究	结合汽车模型自主选题	七年级	校本选修
			八年级	

表4-12　学校拓展性课程衔接样例（"剪纸"课程）

	课程目标	课程内容	学段	教学形式
剪纸	掌握剪纸知识	了解中国传统文化，学习剪纸的方法	四年级	校本选修
纸上园林	了解中国古典园林知识，传承优秀传统文化	了解中国古典园林文化，创新剪纸内容及艺术形式	七年级	校本选修
			八年级	

续表

	课程目标	课程内容	学段	教学形式
绘画	学习绘画技法	学习多种绘画技法，提升绘画创作能力	七年级	校本选修
			八年级	
建筑模型	多种材料创新应用	学习建筑模型制作方法，创造性使用多种材料	七年级	校本选修
			八年级	
3D 设计	3D 软件学习	掌握基本的 3D 制作软件，学习应用形体构成原理创造形象	七年级	校本选修
			八年级	
创意思维	STEAM 课程实践	通过创思项目教学，在实践中引导学生进行多学科知识的学习和融合，全方位提升学生素养	七年级	校本选修
			八年级	

表 4-13　学校拓展性课程衔接样例（“小足球”课程）

	课程目标	课程内容	学段	教学形式
足球启蒙	熟悉球性，参与足球游戏	练习简单的脚步踢球和玩耍游戏，培养学生兴趣，用多种形式运带球	一年级	社团
			二年级	
足球发展及规则	了解足球运动，掌握足球比赛规则	了解足球发展历史，学习足球比赛规则、参赛要求及足球文明礼仪知识	三年级	社团
			四年级	
足球基本技能	掌握基本的传接球、运球技术	激发学生积极参与，通过足球达到锻炼身体的目的。学习足球技能，组织开展并参加各项比赛	四~六年级	社团
			七、八年级	
足球战术配合	掌握足球基本技能，与队友形成战术配合	强化各项基本技能，提高团队意识，形成战术配合意识，积极参加比赛	一年级	社团
			二年级	

表 4-14　学校拓展性课程中的特色课程

	特色课程	课程效果
道德人文社科类	播音、朗诵、辩论	朝阳区"孙敬修杯"故事大赛一等奖等奖项
自然科学类	VEX、车模、机器人、北斗	北京市金鹏科技团、北京市科学建议奖一等奖
体育健康类	足球、体能训练、啦啦操	全国体育工作先进校、北京市足球特色校
艺术审美类	创意模型、管乐、合唱	北京市金帆管乐团、"中华杯"第十二届优秀管乐团展演"示范乐团"

（二）研究性课程的实施

我校在课程实施中不断培养学生的探究能力，提高学生的创新精神与实践能力，大力开发与实施研究性课程，其中以 STIP（Situation 情景、Theme 主题、Integration 整合、Practice 实践）课程最为突出，促进学生获得亲身参与探索和研究的体验，提高收集、利用和分析信息的能力，进而提高发现问题和解决问题的能力。同时，学会分享与合作，提升科学态度，具有科学道德及对社会的责任感和使命感。

课程实施的关键：一是注重综合地、关联地、切合实际地提供分析与解决问题的方法，培养积极的研究态度。二是根据学生个人认识及体验的多样性，从不同角度寻求解决问题的思路。三是以小组协同、合作学习为主要的组织方式。

课程实施的路径：STIP 课程的研究路径为：主题生成—方案设计—设计问卷—校外实践—中期展示—问题探讨—校外实践—写作指导—撰写报告—专家指导—成果展示（如图 4-9、图 4-10 所示）。

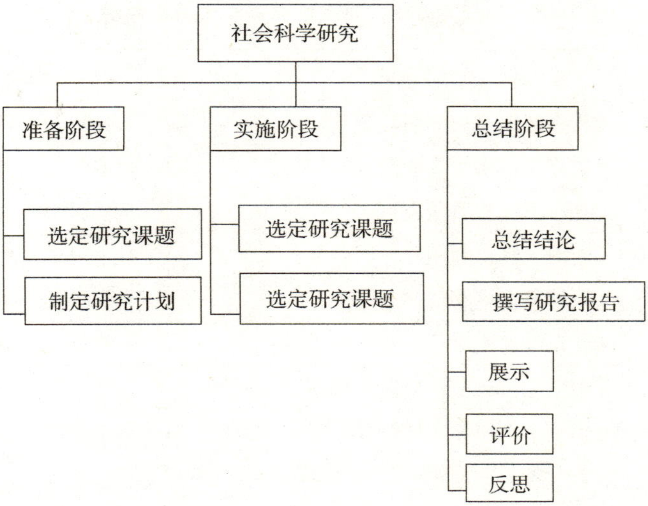

图 4-9　STIP 课程中社会科学研究实施步骤

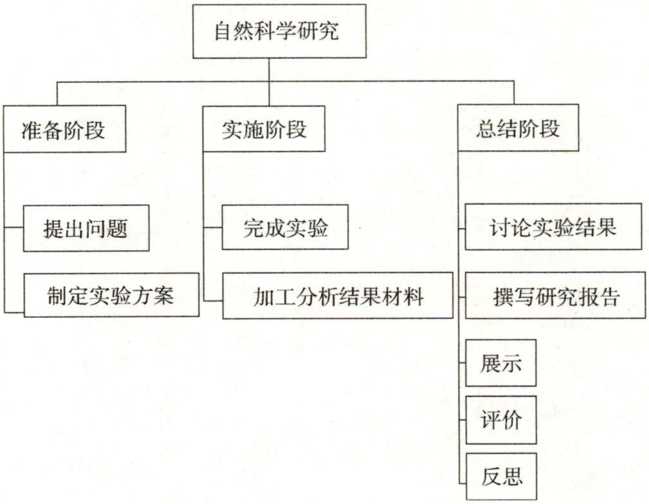

图 4-10　STIP 课程中自然科学研究实施步骤

我校研究性课程中学生承担的课题详见表 4-15。

表 4-15　朝阳实验学校研究性课程学生承担课题一览表

	课题题目	课题类型与领域
2014 年	《新型环保书架的制作研究》	自然科学　环保
	《家庭发电水龙头的设计与制作》	自然科学　节约能源
	《自动喂鱼食器研究》	自然科学　生命科学
	《废旧光盘再利用》	自然科学　环保
	《蚂蚁不会迷路研究》	自然科学　生命科学
	《红路灯高度对行车安全的影响》	自然科学　创客创新
	《小学生可调节课桌椅的调整方法》	自然科学　创客创新
	《口罩对人体影响的研究》	自然科学　健康生活
2015 年	《关于在公共等候设施安装折叠椅的建议》	社会科学　创客创新
	《关于大树伐后树坑恢复环境保护建议》	自然科学　环保
	《新型可伸缩擦玻璃器的自制》	自然科学　创客创新
	《关于制定老旧社区指示路牌设置改进措施的建议》	社会科学　创客创新
2016 年	《楼体外建墙壁式鸟巢的研究》	自然科学　创客创新
	《墙壁式鸟巢的研究与设计》	自然科学　创客创新
	《关于在墙体外建造墙壁式鸟巢的建议》	社会科学　创客创新
	《在自助红绿灯杆上增加图示和语音提示的建议》	社会科学　创客创新
2017 年	《关于安装“全民环保赢福利”新型废旧电池回收箱的建议》	社会科学　环保
	《公共电话亭的再利用》	社会科学　环保
	《地铁隧道粉尘清理的研究》	自然科学　低碳生活
2018 年	《关于安贞公园广场对周边影响的调查研究》	社会科学　健康生活
	《北京市朝阳区部分小区内狗粪收集箱分布及使用情况的调查研究》	社会科学　低碳生活
	《不同营养液对百合花花期的影响》	自然科学　生命科学
	《关于公共厕所设施设置情况及公众使用满意度的调查》	社会科学　健康生活

续表

	课题题目	课题类型与领域
2018 年	《关于北京元大都城垣遗址公园海棠花溪东区海棠种类及其介绍牌准确性的调查研究》	自然科学　生命科学　社会科学
	《北京地铁站售票方式转变后公众使用情况及满意度的调查》	社会科学　健康生活

课程实施是将课程育人蓝图付诸实践的行动举措，它需要我们实事求是、脚踏实地、稳妥落实。拓展性课程和研究性课程的实施，体现出多类型、多视角、多层次的特点，充分发挥了学生的主动性与创造性，为他们提供了一方自由成长的探索乐园，使他们真正在活动中有收获，在实践中有体悟，获得可持续发展的能量。

五、课程实施之三：以一贯制课程实现中小衔接

为发挥九年一贯制学校办学优势，加强学段课程的衔接，促进学生健康、优质、长效发展，我校成立课程研究院，在课程专家的优势引领下，加强课程研究与管理。通过成立大教研组，优秀教师轮岗，参加市、区级九年一贯课题研究等方式，整合课程资源，以加强课程内容的系统性与适切性，抓住衔接的关键期，有效促进各个阶段学生整体高位发展。

（一）基础性课程内容衔接

首先，我校组织教师精研各学科课程标准，从整体上把握中小学课标知识体系，明确中小学学科教学具体要求、中小学教材的逻辑体系，整合相近内容，形成知识板块，更好地捕捉到学生的“最近发展区”，更好地满足学生学习的需求。其次，进一步认识学生身心发展规律与特点，收集学生的思维断点，探究跨学段任教的困惑点、矛盾点，进行异课同构，实现真正的衔接。目前，语文、英语、数学已经形成中小学之间的课程衔接。

语文学科中小衔接主要依托大单元教学，进行教材内容的整合，形成知识板块与系列。如六年级写景单元教学，确定核心教学目标后，大胆筛选更有利于实现课程目标的篇目，融合初中相关篇目，舍去关联不大的篇目作为自读课文。而七、八年级的写景单元教学则从知识上实现螺旋式上升，再筛选更直接相关的篇目。

表 4-16　不同年段的同类课程内容一览

	课程目标	选取篇目	整合方式
六年级写景单元	学习作者抓住景物不同方面进行描写的方法，体会文章所蕴含的思想感情	《草原》《丁香结》《紫藤萝瀑布》《六月二十七日望湖楼醉书》	跨年级整合
七年级写景单元	说出运用修辞方法描写景物的作用，比较作者用词的精妙，体会作者的思想感情	《春》《济南的冬天》《夏》《望岳》	课外拓展
八年级写景单元	学习抓住景物特征，运用联想与想象，表达作者情感的方法	《三峡》《白杨礼赞》《记承天寺夜游》《登飞来峰》	年级内整合

英语学科主要从以下方面进行了中小课程衔接：（1）加强语音教学校本研究，为学生的终身学习铺好基石；（2）进行单元整体设计，为学生提升核心素养搭好台阶；（3）开发分级阅读课程，为学生学习英语打开广度；（4）打造英语戏剧课程，为学生提供展现自我的平台。

数学学科衔接的内容包括：（1）梳理各学段课程内容，以数与图形为两大主线，明确各学段、各年级内容间联系，避免知识的无效重复。（2）根据学生认知发展特点，按照低段—中段—高段循序渐进，围绕思考力课堂，分别注重辅以直观教学、情境教学和开放式教学。

（二）拓展性课程的衔接

结合我校新整合的实际，充分整合各校区原有的课程资源，实现课程资源的互相辐射与整合，实现我校中小学课程的一体化建设，如中学部的体育特色课程向小学部辐射；原安贞二小小学部的科技特色向中学和其他小学部辐射；原安华的金帆管乐团向中学部和其他小学部辐射。

1. 科技课程的衔接

科技课程衔接方面，自 2016 年开始，我校发挥中小学已有的各自优势，进行资源整合，不仅在课程上进行了衔接（如图 4-11 所示），而且采用了“托上去和带下来”的方式，让六年级学生参加初中组的训练与比赛，让七年级的学生带领五、六年级学生训练，这样一托一带，学生通过同伴互助的方式，实现技能的增强。

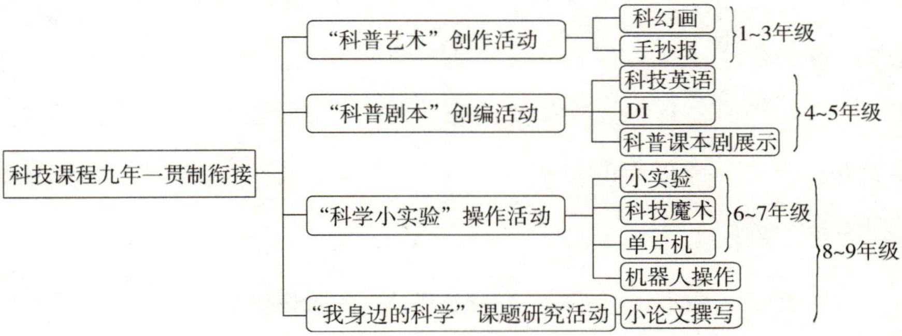

图 4-11　学校科技课程中小衔接示意图

2. 艺术课程的衔接

我校将“长笛”“打击乐”“小号”“圆号”等艺术课程贯通到中学部，打通年级进行授课，使学生小学学习的艺术知识、艺术技能到初中后仍然有机会不断拓展、不断提升。

我校以“金帆管乐团”为平台，从一年级开始每个年级都有管乐团员，形成 A、B、C 三个团梯队式发展：A 团是精英团，主要满足部分学生熟练使用乐器进行表演的要求（团员为五到九年级学生）；B 团为提升团（团员为三、四年级学生），主要是进行管乐乐器的普及性学习；C团为基础团（团员为一、二年级全体学生），主要学习乐理知识。

（三）德育课程衔接

陶行知先生曾说过："教育就是培养习惯。""润泽教育"对学生的品格养成落实在学生学习与生活的方方面面，根据学生身心发展特点并结合校情，贯彻落实《朝阳区落实〈北京市中小学养成教育三年行动计划（2017～2019年）〉实施方案》，我校制定了《中国教育科学研究院朝阳实验学校养成教育三年行动计划实施方案》，起草撰写了《中国教育科学研究院朝阳实验学校落实养成教育学段培养目标（指导意见）》，从个人修养、学习探究、艺术审美、社会交往、责任担当、科学精神等方面，按照小学低段、小学中高段、中学学段细化培养目标，按学段逐级递增进行养成教育，作为各学段学生良好品行和习惯养成的目标。各年级、各班级发挥学生的自主性与创造性，实现"润泽教育"对学生习惯与品格培养的目标。表4-17为我校"九年四段"学生学段培养体系一览。

表4-17　学校"九年四段"学生学段培养体系

一级指标	二级指标	三级指标			
		第一学段（1～2）	第二学段（3～4）	第三学段（5～8）	第四学段（9）
个人修养	品行端	分辨对错	明辨是非，指导行为	言行节制，晓喻责任	严谨自律，言行一致
	礼仪合	行为文明	行立规范，文明礼貌	规范有礼，待人谦恭	以行养德，谦恭做事
	尚美好	爱身边人	崇尚美德，指导行为	襟怀坦白，心怀感谢	知报感恩，追求美好
	求真知	说真实话	真诚对己，真实对人	自尊自爱，追求正直	承担责任，树立志向
学习探究	预习	乐于读书	主动读书，初步预习	学会预习，坚持不懈	预习自学，自主提升
	听课	学习听讲	认真听讲，不做闲事	专心听讲，积极思考	边听边思，发表见解

续表

一级指标	二级指标	三级指标			
		第一学段（1~2）	第二学段（3~4）	第三学段（5~8）	第四学段（9）
学习探究	复习	勤于读书	学习方法，温故知识	主动复习，求索新知	定期复习，形成习惯
	探究	敢于提问	学习合作，提出问题	善于合作，乐思善问	创新求知，发明创造
艺术审美	书写	乐于书写	勤于练字，热爱传统	练习书法，浸润传统	习字养性，提升自我
	赏文	经典熏陶	经典引领，了解文化	诵读于心，外化于行	诵读于心，厚德载物
	赏曲	乐于唱歌	敢于表现，培养气质	培养才艺，提升品位	形成才艺，品位高雅
	赏画	喜欢绘画	绘画指引，表达感受	乐于表达，欣赏名画	我画我心，品味书画
社会交往	交往	学习相处	友好相处，尊重他人	尊重包容，合作互助	合作共赢，创造美好
	乐观	阳光活泼	积极乐观，不怕困难	乐观向上，勇于面对	乐观进取，战胜困难
	自信	相信自己	自信自强，事有决心	自信自尊、敢于竞争	自立自强，收获成功
	爱国	升旗庄重	以国为荣，以校为荣	爱国爱校，言行担当	以国为重，为国争光
责任担当	生活自理	学做己事	做己之事，习惯初现	生活规律，做事循理	做事严谨，自律自强
	强身健体	乐于锻炼	按时锻炼，学会坚持	积极锻炼，坚持不懈	坚持锻炼，学有所长
	参与实践	乐于动手	主动参与，提升能力	积极参与，主动实施	策划活动，实践创新
	服务社会	学会帮助	学会奉献，爱校爱班	乐于奉献，志愿服务	饮水思源，服务奉献
科学精神	探索	求知若渴	上下求索	追根究底	孜孜不倦，乐在其中
	实证	尊重事实	观察发现	敢于质疑	实证求真，质疑批评
	创新	创造意识	自我提问	表达想法	坚定信念，超越创新
	独立	自我管理	自力更生	独立自主	自强不息，独挡一面

1. 学习规则，明确标准

各班召开主题班（队）会，充分学习、讨论新版《守则》和《规范》，发动班委会征求全体同学的意见与建议。在此基础上我校重新修订《中国教育科学研究院朝阳实验学校班级量化考核评选标准》（见表4-18），采用“日公示，周统计，月表彰，期末总评”的闭环形式，让我校的各项教育活动有章可循，有规可依，促使学生由他律走向自律。

2. 主题研讨，经验交流

学生发展中心以“九年一贯学生养成教育的有效落实”为研究主题，按照学段带领各校部青年班主任进行小课题研究，提升青年班主任带班育人能力与教育能力。我校每年3月、9月召开“学规范、正行为、养习惯”主题教育月活动。每年4月、10月召开“学规范、正行为、养习惯”养成教育月经验分享会，并定期从观摩升旗仪式、课间操、观摩常态课、学生访谈、班主任座谈和参观校园文化等五方面进行校部间相互观摩学习。召开四校部联合落实养成教育专项研讨会，及时汇总、提炼班主任在落实养成教育与班级管理方面的经验做法，全校予以推广。如班主任们分享了创编的朗朗上口的养成教育歌谣，包括《升旗歌》《出操歌》《上课歌》《下课歌》《写字歌》《发言歌》《吃饭歌》《卫生歌》《作业歌》《放学歌》《一日三字经》等。

3. 家校合作，联手共育

我校作为区级家风实验校，积极开展“重家教、树家风、传美德、共育人”主题实践活动，树立家庭养成教育榜样，积极开展“好家长”评选活动及“我的育子梦——家庭教育故事”征文，成立家校共育大讲堂，邀请获奖家长在各校部进行好家长养成教育故事巡讲主题教育活动。

表 4-18　朝阳实验学校（小学高部）班级量化考核（2017 年 9 月）

	班级	班主任	班级卫生“优”		考核总分	考核名次	体育健康“优”	考核名次	班级文化“优”	考核名次	仪容仪表“优”	考核名次	行为习惯“优”（学习习惯）		行为习惯“优”（一日常规）	考核名次	“五优”班集体总成绩	校部自主项目			校部自主总成绩	月总成绩	年级排名
			9月卫生成绩	9月眼操成绩			成绩		成绩		成绩（扣减分）		成绩（见附表）	名次	成绩（扣减分）							考核	
1	三1	杨惠英	723	726	1449	3	1479	4	696	1	24	6			110	6	3390					3390	6
2	三2	郜　唯	742	712	1464	2	1476	6	694		12	4			31	1	3481					3481	3
3	三3	杨　娜	746	696	1442	4	1482	2	696	2	4	1			34	3	3482					3482	2
4	三4	张建华	726	690	1416	6	1482	2	696	3	6	2			86	4	3402					3402	4
5	三5	马张娟	746	730	1476	1	1476	1	694		6	2			27	2	3532					3532	1
1	四1	宋雪梅	705	709	1414	3	1482	4	696	1	16	3			89	2	3386					3386	3
2	四2	周丽华	691	718	1409	4	1476	6	692		26				162		3289					3289	6
3	四3	杨　艳	709	739	1448	1	1489	2	696	2	6	1			90	3	3436					3436	2
4	四4	张　静	704	698	1402	6	1486	3	693		28				139		3313					3313	4
5	四5	王　静	707	725	1432	2	1496	1	694	3	10	2			17	1	3494					3494	1
1	五1	杜玉洁	746	745	1491	2	1498	1	698		8				63		3516					3416	6
2	五2	魏京芳	723	732	1466	6	1495	2	697	2	6				21		3518					3518	4
3	五3	李新红	744	749	1493	1	1489	4	694	3	0	1			6	1	3571					3571	1
4	五4	郭一鸣	744	721	1466	4	1487	6	693		0	1			60		3485					3485	6
1	五5	吴励峰	734	724	1468	6	1490	3	693		0	1			16	2	3553					3553	3
2	五6	辛素芳	747	736	1483	3	1487	6	692		4				0	1	3558					3558	2

（四）教与学方式衔接

我校充分认识到衔接工作的前提是做好各自的工作，尊重所在学段学生的学情，特别是认知发展特点，做好教与学方式的衔接工作。

1. 尊重学生认知发展规律

小学生处在儿童期，心智发育不健全，形象思维居多；而初中生处在青春期，心智有了明显的变化，思维已经由形象思维向抽象思维发展。尊重各自学段学生认知发展，有序推进各自的深度学习。德育方面亦是如此，如通过绘画、儿歌等方式向一、二年级的孩子传递道德规范；对三年级以上孩子讲清道理，而不只是生硬要求；对初中学生则以学生自主订立规则，以契约形式进行监督与管理为主。

我校重点关注衔接关键期，将小学六年级与初中合在一个校部，除通过日常规范引领外，还通过主题班会、心理讲座、学习方法指导、手拉手学习习惯培养等活动，帮助学生调整身心，尽快适应初中学习生活。

2. 开展有效的教学方式衔接工作

中小学教师互相听评课及研讨，把握中小学教学方法的各自特点，并适当调整自己的教学方式。如初中学生的表达能力、感知能力、识记能力、思维能力、创新能力与小学阶段相比，处于定型前的快速发展阶段。根据这一特点，小学高段有意识地培养学生的上述能力，为中学学习打下扎实的基础。中学则抓住有利时机，采用多种教育方法，促进学生能力实现质的飞跃；表达能力上，在重视学生书面表达能力的同时，更重视学生口头表达能力的提高；感知能力上，重视感知的完整性、细致性、抽象性的培养；思维能力上，既重视培养学生的形象思维，更重视培养学生的逻辑思维能力和创造思维能力。

3. 进行有效的学习方式衔接

学生是学习的主体，培养学生自主、合作探究的学习习惯，是中小衔接工作的重要内容。小学探究培养学生自主、合作、探究的意识与方法，中学则进一步通过任务驱动等培养学生自主、合作与探究的能力。

一贯制课程的落实，彰显了我校教研团队的专业水准，体现出我校九年一贯制的鲜明教育特色。在进行课程衔接的过程中，我们将不同类别的课程、教与学的方式进行全面思考，使一贯制课程从内容到教学得到有力保障，为学生认知能力、品格养成、实践能力等方面的发展创设了立体空间。

六、课程评价及创新点展示

“没有评价，就没有目的。”教育的过程是儿童生长与发展的过程，课程评价就是不断发现生长的问题，并为解决问题提供理性参照的过程。我校“润泽教育”课程评价高度关注学生“品格、知识、能力、体魄”四方面素养的养成，以促进学生的可持续成长和教师的可持续、专业化发展为基本目的。具体来说，我们在课程评价上，主要从学生、教师与课程三方面展开。

（一）对学生的评价

1. 评价的原则

从评价的立足点看，坚持兼顾过去、当下、未来，侧重考虑未来所需的原则；从评价内容看，坚持品格、知识、能力、体魄兼顾的原则；从评价对象看，坚持普遍教育与因材施教相结合的原则；从评价方式看，坚持深入浅出、直观形象、学生易于接受和理解的原则；从评价方法看，坚持激励表扬为主、批评惩戒为辅的原则；从评价主体看，坚持自评与他评相结合、以自我反思和自我优化为主的原则；从评价范围看，坚持学校教育为主、家庭教育、社区教育有机配合的原则。我校学生评价原则依据如图 4-12 所示。

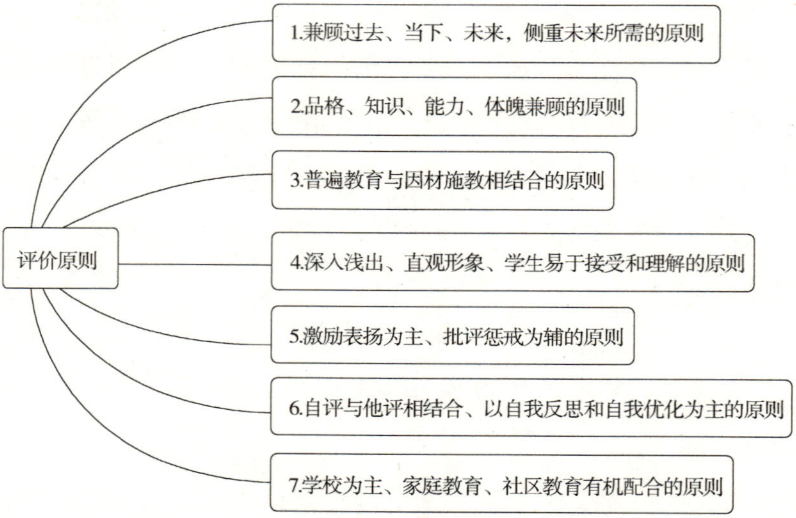

图 4-12　学生评价原则依据图

2. "润泽少年"荣誉层级评价体系的奖星系统

基于我校的育人目标，我校从"品""知""能""体"四个方面进行过程性评价、综合性评价，为某个方面具有突出表现的学生颁发"奖星"，并通过量化积分和综合计算，评选出"润品少年""润知少年""润能少年"和"润体少年"。在此基础上，为在此四方面具有优秀综合素养的学生，颁发"润泽少年"的最高荣誉，从而形成"奖星—'润'系列少年—润泽少年"的三级荣誉体系。

如图 4-13 所示，在"品"的维度之下，我校从生活习惯、文明礼仪、自我管理、社会交往四个方面，共计设立了 15 枚奖星；在"知"的维度下，则从课前、课中、课后三个维度，设立了"课前准备星”“课堂之星”“进步之星”等共计10枚奖星。在“能”的维度下，则从表现能力、抗挫折能力、数字化学习能力、创造创新能力和探究研究能力出发，设置了文艺之星、朗读之星、创新之星等共计10枚奖星。在“体”的维度下，则根据体育运动的性质，分为“竞技”和“平时”两部分，颁发拼搏之星、运动之星、体操之星共计3枚奖星。每班每天对学生有量化积分，每周进行积分汇总，每月根据星类型评选出星少年，在月累计基础上，每学期再评选出星级少年。

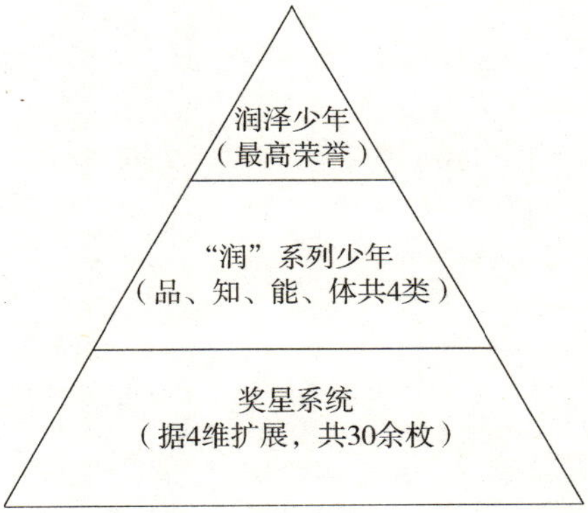

图4-13 学校“润泽少年”荣誉体系示意图

（三）“润泽少年”的九年一贯评价荣誉体系设计

“润泽少年”体系不仅从品、知、能、体四个方面进行了横向构建，而且还与我校的九年一贯的办学实际相契合，进行了纵向构建。根据学生年段的低、中、高划分，针对小学低年级（一至二年级）、小学中高年级（三至五年级）和中学学段（六至九年级），“润泽少年”的奖星体系侧重点和评价标准有所调整（见表4-19）。

表 4-19 学校"润泽少年"评价表

<table>
<tr><td>荣誉Ⅰ</td><td colspan="8">润泽少年</td></tr>
<tr><td>荣誉Ⅱ</td><td colspan="2">润品少年</td><td colspan="2">润知少年</td><td colspan="2">润能少年</td><td colspan="2">润体少年</td></tr>
<tr><td>评价维度</td><td colspan="2">品</td><td colspan="2">知</td><td colspan="2">能</td><td colspan="2">体</td></tr>
<tr><td rowspan="11">奖星体系</td><td rowspan="2">生活习惯</td><td rowspan="2">1. 护眼之星
2. 节俭之星
3. 卫生之星</td><td rowspan="3">课前表现</td><td rowspan="3">1. 课前准备星</td><td>表现能力</td><td>1. 文艺之星
2. 朗读之星</td><td rowspan="6">竞技</td><td rowspan="6">1. 拼搏之星
2. 运动之星</td></tr>
<tr><td rowspan="3">抗挫折能力</td><td rowspan="3">3. 坚持之星
4. 自强之星</td></tr>
<tr><td rowspan="3">文明礼仪</td><td rowspan="3">4. 文明之星
5. 礼仪之星</td></tr>
<tr><td rowspan="5">课中表现</td><td rowspan="5">2. 课堂之星
3. 听讲之星
4. 敢言之星</td></tr>
<tr><td rowspan="3">数字化学习能力</td><td rowspan="3">5. 信息收集星
6. 数据分析星</td></tr>
<tr><td rowspan="4">自我管理</td><td rowspan="4">6. 自律之星
7. 守时之星
8. 守纪之星
9. 专注之星</td></tr>
<tr><td rowspan="5">平时</td><td rowspan="5">3. 体操之星</td></tr>
<tr><td rowspan="3">创造创新能力</td><td rowspan="3">7. 创新之星
8. 科技之星</td></tr>
<tr><td rowspan="3">课后表现</td><td rowspan="3">5. 改错之星
6. 学习之星
7. 学科之星
8. 阅读之星
9. 进步之星
10. 书写之星</td></tr>
<tr><td rowspan="2">社会交往</td><td rowspan="2">10. 奉献之星
11. 团结之星
12. 服务之星
13. 友爱之星
14. 值日之星
15. 合作之星</td></tr>
<tr><td>探究研究能力</td><td>9. 研究之星
10. 探索之星</td></tr>
</table>

针对小学低年级（一至二年级），"润泽少年"荣誉体系强调学生的习惯养成，尤为注重行为的内化。因此，这一阶段的学生评价中，生活习惯、文明礼仪、学习习惯的评价将占有相对更高的比重。针对小学中高年级（三至五年级），"润泽少年"荣誉体系强调能力培养，因此，这一阶段的学生评价中，对学习能力、劳动能力、自我管理能力将更加注重。针对中学学段（六至九年级），"润泽少年"荣誉体系强调学生品性和综合素质的全面养成，尤其注重创新、创造能力等高级的思维品

质的形成，指向学习的优异、道德的纯正、文才的出众、艺术的品味，以及体格的健美。

（二）对教师的评价

1. 基础性课程实施的教师评价

课堂教学的评价旨在诊断现状，检验教学目标群的达成度，扬优补弱，共同建构，促进成长。从评价主体上看，包括督导、我校、教师、学生、学生家长、社区和第三方评价组织。其评价客体则包括我校、教师和学生。而教师作为课堂的引导者，统领着课堂发展，对其的评价至关重要。我们主要依据思考力课堂的核心要素对教师进行整体评价，如表 4-20 所示：

表 4-20　学校“思考力课堂”评价表（试行）

	评价要素	评价等级（分值）					
		符合		基本符合		不符合	
教学目标	教学目标明晰、具体、可操作性强，符合课标要求和学生实际，能实现“三维”目标的结合和统一。教学活动紧紧围绕目标展开。	15 ~ 13		12 ~ 9		8 ~ 0	
问题设置	注重问题导学，能够较好地借助问题引导学生开展学习活动，教师追问恰当。问题设计合理，符合学生的认知特点，易于激活思维。做到情境与活动设计的统一，共同指向问题解决。	15 ~ 13		12 ~ 9		8 ~ 0	
思维发展	学生能认真倾听、自主探究、大胆质疑，求知欲望强烈，思维活跃，主动寻找解决问题的途径与方法，形成自己的独到见解。教师能依据学生的思维较好地搭建脚手架。	15 ~ 13		12 ~ 9		8 ~ 0	

续表

	评价要素	评价等级（分值）					
		符合		基本符合		不符合	
质疑辩论	学生能在认真思考的基础上积极参与小组合作，有较好的合作意识。能够形成自己的见解，准确地表达思维过程，敢于质疑他人的观点，在交流中充分体现生生、师生观念的碰撞。	15 ~ 13		12 ~ 9		8 ~ 0	
学生感悟	学生能在充分思考与辩论的基础上，感悟所学，修正见解，深化思维，形成主张。思维能力和思维品质得到提升。	15 ~ 13		12 ~ 9		8 ~ 0	
实践应用	完成既定教学目标，教师能围绕目标在巩固基础知识和技能的基础上，设置开放性练习和综合运用检测。学生能较好地将所学运用到学习生活中，做到迁移运用、创造知识，不同层次学生能够在各个方面均得到发展。	15 ~ 13		12 ~ 9		8 ~ 0	
学科特点	教师能结合学科的特点，采取不同的方法，落实学科核心素养教学，达到学科育人的目的。	10 ~ 9		8 ~ 6		5 ~ 0	
总分							
评语							

2. 拓展性课程与研究性课程实施的教师评价

为了保证拓展性课程和研究性课程的效果，我校从课程开发、实施与效果方面对教师进行评价，如表 4-21 所示：

表 4-21　校本课程实施评价标准（教师）

	评价项目	评价标准	赋分	评分
1	常规管理	编写课程纲要	5	
		教案（word 或 PPT）	5	
		学生成绩册	5	
		课程记录单	5	
		学期总结	5	
2	课堂实施	按时上课； 有序组织教学	30	
3	成果展示	有作品、表演、成果汇报等展示； 收集上交成果，展示相关材料	30	
4	学生评价	问卷调查	15	
5	加分项	1. 组织学生代表我校参加区级及以上比赛获奖。 2. 完成校本课程教材编写，总分加 5 分。	获一等奖，总分加 5 分；二等奖，加 4 分；三等奖，加 3 分；参与比赛，加 1 分	
总评	综合评分累计成绩排名在前 1/3 者，评为优秀指导教师。			

（三）教师综合素质评价

我校坚持多把尺子衡量教师，建立健全各项评价办法，出台了一系列评价制度，从教学水平、课程指导、教科研能力、团队精神与合作能力、对青年教师的培养等十个方面予以评价，使教师找到自身的优势和不足，更加明确今后努力的方向。教师素质综合评价的相关依据如图 4-14 所示。

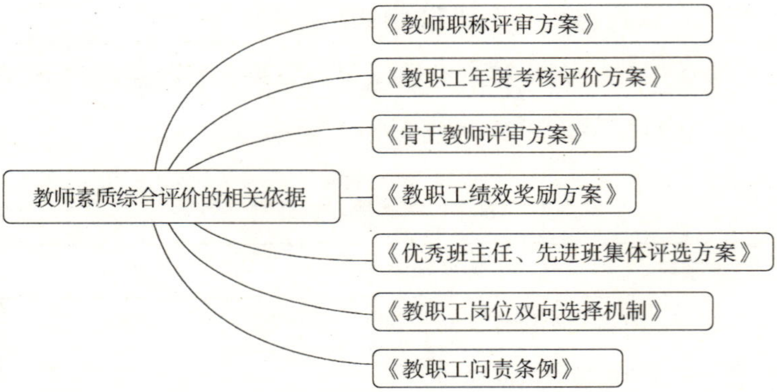

图 4-14　学校教师素质综合评价的相关依据示意图

（三）对课程的评价

专家团队评判课程目标是否符合国家课程标准、是否符合学生的发展要求，表述是否清晰、明确、合理；课程内容是否有利于激活学生思维，是否符合学生的身心特点，是否有利于学生的能力发展，是否有利于学生的身心健康；课程实施是否符合学生的认知与个性特点。最后，再通过学生问卷方式进行学生评教、评学，具体如表 4-22 所示。

表 4-22　学校校本课程评价表

	评价标准	评价方式	评价结果
课程目标	1. 是否符合国家课程标准	自评 我校评 专家评	优（90 分以上） 良（80～89 分） 中（70～79 分） 差（70 以下）
	2. 是否符合学生的发展要求		
	3. 是否清晰、明确、合理		
课程内容	1. 是否符合学生的身心特点	自评 我校评 专家评	优（90 分以上） 良（80～89 分） 中（70～79 分） 差（70 以下）
	2. 是否有利于激活学生思维		
	3. 是否有利于学生的能力发展		
	4. 是否有利于学生的身心健康		

续表

<table>
<tr><th></th><th>评价标准</th><th>评价方式</th><th>评价结果</th></tr>
<tr><td rowspan="3">课程实施</td><td>1. 是否符合学生的认知与个性特点</td><td rowspan="3">自评
我校评
专家评
学生评
家长评</td><td rowspan="3">优（90 分以上）
良（80 ~ 89 分）
中（70 ~ 79 分）
差（70 以下）</td></tr>
<tr><td>2. 教材处理是否具有自主性和创造性</td></tr>
<tr><td>3. 是否促进学生能力发展和进行积极的生命体验</td></tr>
<tr><td rowspan="3">教学评价</td><td>是否及时</td><td rowspan="3">自评
我校评
专家评</td><td rowspan="3">优（90 分以上）
良（80 ~ 89 分）
中（70 ~ 79 分）
差（70 以下）</td></tr>
<tr><td>是否具有激励性</td></tr>
<tr><td>是否具有指导性</td></tr>
</table>

（四）“润泽教育”课程的特色与创新点

我校在课程领域深耕多年，进行了很多有意义的尝试与探索，并形成了三个方面的课程特色与创新点：

1. 整体构建了具有我校特色的“润泽教育”课程体系，落实立德树人的根本任务

我校课程建设基于“润养会思想的卓越的行动者”的育人目标，以“贵品渊知，卓能强体”为课程目标，系统构建了“润泽教育”课程体系，强调以“润”的教育方式，培养学生之“品性”与“能力”，泽被全体学生，泽被每一个学生的未来，为学生终身发展奠定坚实的基础，有效落实立德树人的根本任务。

润泽课程突出学生的主体性，立足学生的实际，着眼于学生的未来，定位于学生的智慧启迪、品格润育和生命成长，体现以人为本的教育理念。依据中国学生发展核心素养，形成本校学生发展的核心素养，通过基础性课程、拓展性课程、研究性课程，将我校丰富多样的课程统筹起来，课程具有基础性、时代性、多样性、实践性与一体化特征，满足学生全面发展和个性化发展的需要。

2. 高质量实施“润泽教育”课程，实现我校的育人目标，达到了

良好的育人效果

（1）创造性地提出和践行了“思考力课堂”

提高学生的思考力，提升学生的思维品质成为思考力课堂的精髓，“明、问、思、辩、悟、用”关键要素六字诀具有切实可操作性，我校课堂教学改革取得重要突破。

（2）创造性地探索了学科德育的多元路径

我校将德育与学科教学有机融合在一起，找到了在学科教学中实施德育的有效路径，大大提高了学科教学效益，有效落实了立德树人的根本任务。

（3）探索了衔接课程的有效实施模式

①习惯与品格培养的衔接

按照小学低段、小学中高段、中学学段细化培养目标，按学段逐级递增进行养成教育。

②教与学方式的衔接

尊重各自学段学生认知发展，有序推进各自的深度学习。德育方面亦是如此，根据科尔伯格道德发展阶段理论，进行了教育方式的有效衔接。

3. 构建了系统而全面的“润泽教育”评价体系，增强了育人功能

“润泽教育”课程评价高度关注学生“品格、知识、能力、体魄”四方面素养的养成，以促进学生的可持续成长为基本目的。润泽教育评价体系从学生、教师与课程三方面进行评价，并根据基础课程、拓展课程和研究性课程的不同特点制定了不同的评价原则和标准。课程评价既关注学生的知识掌握水平与思维能力，也关注学生自主学习的能力、与人合作的能力、适应社会能力和道德发展水平等；既关注终结性评价，也关注过程性评价；着重运用表现性评价、激励性评价与指导性评价，

增强课程协同、润泽的效果。

教育是一项有目的、有计划的育人活动，我们将继续不断探索，深入学习，增强创新，着眼于学生的生命、生活和生长，加强课程开发与实施的研究，整合各种资源与力量，持续提升课程品质，更科学、更有效地实现“润品育能，筑基未来”的办学理念和“润养会思想的卓越行动者”的育人目标，更好地落实立德树人的根本任务。

第四节　打造重思强辨、充满灵性的“思考力课堂”

课堂文化是课堂教学的土壤，是课堂教学存在、运行、发展的元气，是课堂教学的活力之根和动力之源。课堂文化具有引导、规范的功能，我们期望学生向什么方向发展，就要为学生量身打造合适的课堂文化，这决定着课堂教学的根本理念、思想意识乃至思维方式。与我校育人目标相契合的课堂文化，乃是“重思明辨，充满灵性”，在这样一种文化氛围的熏陶之下，一个个卓越的思想者、行动者在我校发光发亮。

一、何为“思考力课堂”

课堂是教学相长的舞台，是师生情感交流与智慧升华的源地。它应该充盈着生命的气息，充盈着思维的火花，充盈着智慧的味道。北宋程颐在《二程遗书·伊川先生语》中有言：“为学之道，必本于思。思则得之，不思则不得也。”[①] 顾明远先生也曾讲道：“比知识更重要的是思维能力的培养、看问题的视角的养成，因此，从某种意义上来讲课堂本质就是培养学生的思维。”[②] 一般来说，人的思维能力取决于先天智力水平与后天思维能力的培养。提高学生思维能力的一个重要方法就是要激发学生的有效思考，引领学生提高思考力。

据此，我校在“润泽教育”理念的引导下，致力于打造一个重思明辨、充满活力的“思考力课堂”，通过适当的课程，运用合理的方式，逐渐培养学生的思维习惯、思维品质与思维能力，使其成为“会思想的卓越的行动者”。

（一）“思考力课堂”之意蕴

何为思考力？思考力是以思维发展为核心，着眼于学生基本思维素养形成和发展的一种思维能力。毋庸置疑，思考力是现代人应该具备的核心素质，是成为一个独立的人所应该具备的基本素养，正如我校的育人目标——“润养会思想的卓越行动者”所要求的的那样，对学生“思维能力”的关注是润养优秀学生的关键。作为教育工作者，我们始终将润养优质学生作为自己的使命追求，因此，如何将思考力和课堂建设相联系，以及怎样建设卓越的课堂文化就成为了一个关键的教育命题。

随着基础教育课程改革不断向前推进，新课程中倡导的“自主、合作、探究”的学习方式，已成为增强学生关键能力和核心素养的重要路径。在此基础上，我校重思明辨、充满活力的“思考力课堂”便应运而

---

① （宋）程颢、程颐：《二程遗书》，潘富恩导读，上海古籍出版社 2000 年版，第 381 页。

② 顾明远：《顾明远对话钱颖一：教育更要注重培养学生的思维能力》，2017 年 5 月 25 日，https://www.sohu.com/a/143349582_243614。

生，这是继“自主课堂”之后的进一步发展。“思考力课堂”以“思考力”的润养为指向，是一种高度关注学生思考力提升和发展的课堂教学模式，即通过系统的教与学的设计，有目的地积极推动学生分析、综合、推理、判断能力和相关素养的发展。它依托学科知识和学科学习方法，在课堂上教学目标的统领下，以问题的提出与解决为主线，以知识的建构与运用为载体，激活学生的思维，通过教师点拨、引导、追问、评价等方式，引导学生思考、辩论、感悟与运用，从而使学生发展高阶思维和高阶认知能力，获得情感的体验和品格的提升，促进学生全面发展。

叶圣陶曾说过：“教师之为教，不在全盘授予，而在相机诱导。”[①]在“思考力课堂”下，学生学会了独立思考，逐渐成为了求知的主体，将探索知识这种美好的情感体验作为自己的精神追求。我们的学生在自主学习的过程中，通过体验获取新知的乐趣，来感受自己的力量。这样一来，一方面使学生成为积极的课堂参与者，提升了学生的思维能力和思维品质，促进学生的全面发展；另一方面，不断丰富了我校的课堂文化，这是一个良性发展的过程。

（二）“思考力课堂”的整体结构

重思明辨、充满活力的“思考力课堂”是指引我校课堂教学发展的风向标，现今，在不断探索的基础上，我校思考力课堂的整体结构已经基本完备，形成了集教学理念、教学目标、教学环境、教学组织方式、教学流程和教学测评为一体的整体结构。

具体来说，思考力课堂以“润泽全体，充分发展”为教学理念。以“牢筑知识，形成能力”“认知规律，掌握方法”“润育情感，养正品格”为三大教学目标。通过营造心理环境、物质环境和网络环境，

---

① 叶圣陶：《叶圣陶语文教育论集》，教育科学出版社1980年版，第126页。

为思考力课堂的教学提供温润的发生背景。在教学组织方式上，"思考力课堂"通过班级授课制、走班制、导师制、导生制和学长制，多样搭配，按照学生不同年段，灵活调整。在教学流程和教学评价中，思考力课堂也有着独特的设计与安排（见图4-15）。

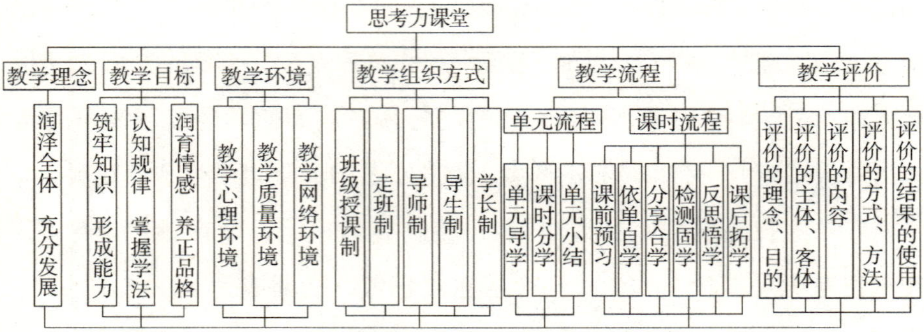

图4-15 "思考力课堂"结构图

1. "思考力课堂"的教学理念

"润泽全体，充分发展"的教学理念是支撑"思考力课堂"建设的理论依据，我校致力于"润养会思想的卓越行动者"，在我看来，每个学生的大脑都是待开发的宝藏，他们的身体能迸发出强大的求知欲望和勇于探索的巨大能量，因此，我们在课堂实践的过程中，要充分挖掘学生的个性与特性，尊重全体学生的差异性，激发学生的创新思维，润养学生的思考能力，使学生得到全面、充分的发展。

2. "思考力课堂"的教学目标

教学目标是教学活动的核心，教学目标对教学过程具有导向、调控、激励的作用。在"思考力课堂"中，我们的教师首先要传授给学生最基本的知识与能力，引导学生在脑海中建构起主动思考的框架；其次，要帮助学生掌握探索知识的方式与方法，引导学生积极探索生命的奥秘，进一步润养学生的情感，帮助学生树立正确的品格修养。"思考力课堂”的教学目标始终以学生发展为本位，真正体现了知识与技能、过程与方法、情感态度与价值观的有机结合。

3. “思考力课堂”的教学环境

心理学中暗示、移情以及心理场域等理论已经深刻地指出了心理环境的重要性，这些理论主要在“思考力课堂”的环境营造中扮演着指导性和统合性作用。尤其是“心理暗示原理”，它深刻揭示了环境育人的内在机制。教育环境对人的影响是独特而深刻的，它往往是以春风化雨般润物细无声的方式在潜移默化中激发人的美感，陶冶人的情操，启迪人的认识，规范人的行为。

我们把教学环境分为物质环境、心理环境和网络环境等三个方面。物质环境包括教学设施环境、教学时空环境和教学的自然环境；心理环境包括信息环境、人际环境、组织环境、情感环境、舆论环境。网络环境既属于教学设施环境，也属于心理环境，结合当下的社会、技术环境，强调网络对学生学习与心理的重要影响而单列出来。“思考力课堂”通过对教学心理环境、教学物质环境、教学网络环境的润泽性改造，营造优雅、充足、先进、适用的教学物理环境，尊重、友爱、民主、主动、自信、安全的心理环境和简便、快捷、绿色、丰富的网络环境，不断激发学生学习，使教学环境发挥独特的育人功能。用无意识导引有意识，用情感伴随理性，使学生在轻松、愉悦的状态下渐入学习佳境，从而达到既定的教育目标。

4. “思考力课堂”的教学组织方式

抓住思考力课堂的精髓，我校根据教学需要采取了多种教学形式。当需要进行全体教学，提高教学效率时，采用班级授课制；当需要合作交流时，采用小组合作学习形式；当需要满足不同学生的能力及发展需要时，积极采用开放、灵活的教学组织形式，主要包括在高年级实行选课走班制，在所有年级的活动课程中实行导师制、导生制（小先生制）、学长制等，在所有具体教学过程中学生可以在开放性的授课内容中选择自己所需要的课堂。

其中，班级授课制按照班额的不同，可划分为大班制班级授课制、一般规模班级授课制和小班制班级授课制。而走班制可根据划分的原则，被分为分层走班制和分类走班制。前者要求学生在保持原有行政课设置的前提下，衡量他们现有的知识水平、学习能力和对各种课程的兴趣，并参照教师的意见选择相应级别的教学课。后者则通过学生自主选择，增加其个性化学习的“弹性”。导师制则由学生和教师进行双向选择，由教师为学生提供特定的指导。它可划分为校内导师和校外导师两类。校内导师又包括德育导师和学科导师，而校外导师既有网络导师，亦有非网络导师。导生制（小先生制）和学长制相互补充，通过学生自学自教，增强其学习能力、思考能力和表达能力。

5. “思考力课堂”的教学流程

教学流程是教师实施“思考力课堂”的蓝图，课堂教学设计的每一步、每一个环节都包含着深邃的思考。我校“思考力课堂”的教学流程细分为单元流程和单节课流程。

就单元流程来说，我们依据学科特点，对课程内容进行必要的整合，采用单元块状结构进行教学，引领学生整体学习某一领域、专题或类型的知识是思考力课堂的重要内容，单元块状结构教学将学生的学习特别是思维不断引向深入。为此，我校提出大单元主题教学，具体为单元导学—课时分学—单元小结。在单元导学中，学生在教师创设的情境中引发学习的热情，做好单元学习的知识与心理准备。课时分学通过系列相连的学习活动得以完成，是单元教学目标的具体落实。单元小结是对单元的整体认知、评价与应用，是单元学习的深化阶段。如数学学科的“问题情境—建立数学模型—解释应用与拓展”，语文、英语学科“问题情境—阅读与理解—写作与表达”都已经形成了具有学科特色的单元教学流程。

而单节课流程由课前预学，课中依案自学、分享合学、教师导学、测评固学和课后拓学六步组成。其中，课前流程强调课前预习，通过指导学生在超前学习的过程中，提出自己的学习疑惑，教师对此进行答疑，提高了学生参与课堂的积极性，体现了学生学习主体的作用，强化了师生互动，为后续的课堂进行打下基础。课中强调学案的作用，由教师负责导学，学生依案学习，并重视学生之间的合作学习，实现分享合学，并强调进行评价导学，当堂进行检测，明确学生对知识的掌握或巩固程度。课后，重视课后拓学，一方面拓展学习内容的广度，另一方面拓展学习内容的深度，并以学生的自我探索为主。整个教学流程的设定，真实地展现了“思考性课堂”重思明辨、充满活力的生动性、挑战性和灵动性。

6. “思考力课堂”的教学评价

教学评测是一种积极有效的教学手段，通过合理的设定教学评测模式，有利于促进学生知识和能力的提升，提高教学的效率。“思考力课堂”的评价旨在诊断现状，共同建构，促进成长，其最终目的在于检验教学目标群的达成度，实现扬优补弱；从评价主体和客体上看，“思考力课堂”的评价主体多种多样，包括党和政府、学校、教师、学生、学生家长、社区和第三方评价组织，其评价客体则包括学校、中层组织、教师和学生；“思考力课堂”的评价内容为目标指向的内容、学生发展核心素养以及学科核心素养，并通过效能性评价、形成性评价、终结性评价、量表、问卷、试卷、个案访谈等多种方式进行。新课程背景下，这种多元性的评价有利于发挥“以评促育”的功能，培养“润泽少年”（见图 4-16）。

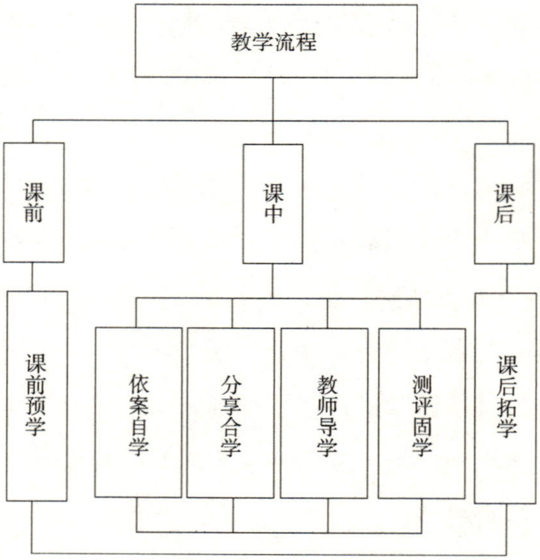

图 4-16 "思考力课堂"单节课教学流程

"我思故我在"，笛卡儿这句名言强调了人的主体性与思考的重要性。《论语》亦有云："学而不思则罔。"深入思考方能进入事物的本真状态，直达事物的本质。作为教育工作者，我们的教学工作不能仅仅流于表面，更要关注学生思维品质的发展，培养学生独立思考和自我反思的能力。建设"思考力课堂"并非一蹴而就，需要我们在教学过程中认真研究有关理论和实践，平衡好"教"与"学"的关系，积极打造重思明辨、充满活力的"思考力课堂"，使每一个课堂都充满灵动、鲜活的气息，迸发思维的火花，绽放生命的光彩。

二、6+X 模式，打造智慧课堂

子曰："知者不惑，仁者不忧，勇者不惧。""智"在中国儒家传统道德中是一个重要的范畴，是君子应该具有的基本品质之一。陶行知也曾说过：“智仁勇三者是中国重要的精神遗产，过去它被认为‘天下之达德’，今天依然不失为个人完满发展之重要指标。”① 我们希望我校每一个孩子都能在课堂的教学相长中成为有“智”之人。因此，我校在“重思明辨、充满活力”的“思考力课堂”文化的基础上，提出课堂教学“6+X”模式，将“知识课堂”升级为“智慧课堂”，从培养“知识人”转为培养“智慧者”，用智慧唤醒课堂的生机与活力，唤醒孩子内在的心灵能量与人格理想。

（一）解读“6+X”模式

我校“思考力课堂”有着独特的“6+X”模式，即抓住“明、问、思、辩、悟、用”六个要素进行教学设计与实施，针对不同学科特点，灵活地运用。这种模式是打造我校智慧课堂的骨架，所谓“6”，是“明”“问”“思”“辩”“悟”“用”六个课堂构成要素，它们分别指向明晰教学目标、合理设置问题、学生形成见解、展开深刻辩论、寻找思维的灵性、开放性运用与实践这6个要素，而X则是指结合不同学科特点采取的灵活的教学策略。这种灵动的、富有创造性的教学模式，依据各个学科的特点，集成学生各异的思维智慧，充分尊重学生的主体性，鼓励学生积极参与课堂，融入课堂，使学生在课堂中敞开心扉、畅所欲言施展智慧，在实践和行动中润养“润泽少年”（如图4-17所示）。

1. 明：明晰教学目标

“思考力课堂”的第一个要素是“明”，即明晰教学目标。教学目标是一节课的灵魂，一节课应该以教学目标为统领来进行教学设计，从问题的提出到问题的解决过程、拓展运用和达标检测都应该围绕本堂课

① 陶行知：《陶行知文集》，江苏教育出版社2008年版，第798页。

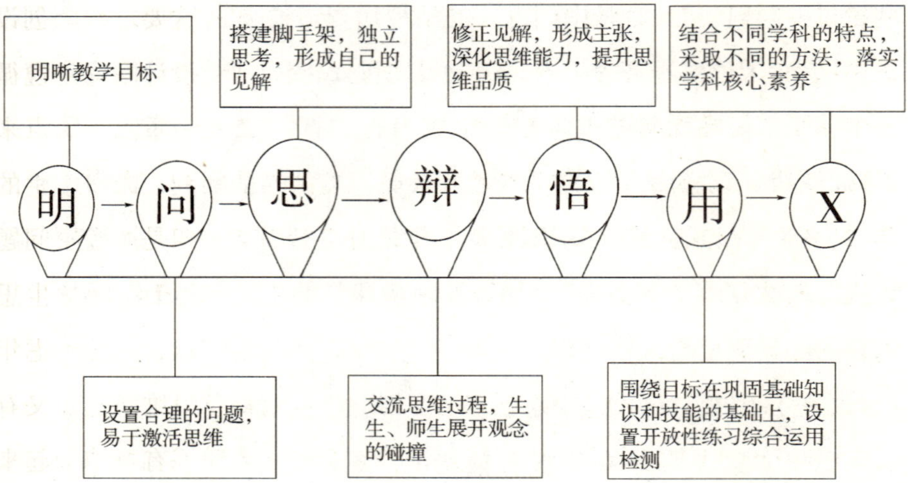

图 4-17 "6 + X 模式"各元素的基本要求

的教学目标来展开，使之形成一个闭环。在确定教学目标时，我们强调四个方面：首先，以课标为依据，以教材为参考，以学情为基础，寻找学生"现在在哪里"与"要到哪里"之间的差距，确立明晰具体的教学目标；其次，强调目标要明晰、聚焦，便于问题的提出与设置，从而为课堂实施找到发力点；再次，目标的表述要准确，便于评价，如小学语文课标中，"掌握课文大意"作为一本教材的目标是可以的，但作为一节课的教学目标就不具体了，需要改成：学生能找出每个段落的中心句，概括出段落大意；能根据课文的顺序将各个段落大意有机地联系起来，加以陈述；最后，是要逆向设计，即当教学目标确立之后，就要依据目标设计出评价的内容，之后再进行教学环节的设计。

2. 问：合理设置问题

"思考力课堂"的第二个要素是"问"，即合理设置问题。整堂课要依据教学目标合理设置问题，让学生明确问题的具体要求，以问题的提出与解决为主线来开展教学。"问"包括两个方面：一个是教师提出问题，要明确问题的具体要求；一个是学生提出问题，这要求教师创设民主氛围，鼓励学生思考，形成问题意识。思考力课堂设计问题时遵循五个原则：一是要围绕着确定的教学目标，尤其是围绕着重点与难点来设置问题；二是要结合具体的情境提出具有挑战性的问题，激发学生的学习积极性；三是设置的问题尽可能覆盖全部知识点；四是所设置问题有逻辑关系且由易到难，环环相扣，一般设计 2～3 个利于激活学生思维的问题；五是要充分依据学生身心发展规律及学科特点，充分考虑年段与学科的差异。如语文学科既有利于培养学生的抽象思维能力，又有利于培养形象思维能力，将语言能力培养和思维能力训练有机结合起来设计问题，就会收到事半功倍的效果。同样是语文课程，在小学阶段，以形象思维培养为主，问题设计既要基于这个特点又要有利于培养这种思维；中学阶段则加深形象思维培养，加强逻辑思维培养，增加辩证思维的培养，设计的问题可以更多地体现分析与综合、比较与概括、归纳与演绎、抽象与具体等思维能力。

对于学生提出的问题，教师要善于迅速做出反应，判断学生的问题所反应的思维类型和品质，再进行相关的培养。如有的学生提出的问题忽略了一些细节信息，教师可以判断该生需要提高思维的全面性；有的学生出现观点性问题，可能是思维的深刻性不够，缺乏辩证思维能力，则可以通过反问的方式提高其辩证思维能力。

3. 思：学生形成见解

“思考力课堂”的第三个要素是“思”，即“思中学”，指的是学生形成见解。倡导基于“核心素养”的课程与教学是新时代教育的诉求，这种诉求说到底就在于实现课堂教学的转型——从“知识传递”转向“知识建构”的教学。“思考力课堂”主张教师不直接给予学生知识，而是引导学生在探究知识形成的过程中获取关键知识，提高能力，培养品格。因此，一堂课的展开要以问题的提出与解决为主线，让学生独立思考，寻找解决问题的途径与方法，形成自己的独到见解。在学生思考的过程中，“思考力课堂”特别重视为学生提供思考的工具和资源，搭建脚手架，提升学生获取和探究信息的能力，以便在学生思维出现阻滞时，开启其思维；在学生思维处于浅层时，将其引向深入，进行深度学习。

4. 辩：展开深刻辩论

“思考力课堂”的第四个要素是“辩”，即“辩中学”，指的是展开深刻的辩论。“思考力课堂”将“辩论”视为培养学生品行和深化思维能力的重要手段。“思考力课堂”之“辩”是建立在独立思考基础上来展开的。学生可以先在小组内发表自己的见解，展开小组内讨论，也可在全班内以个人或代表小组的方式表达观念，展开辩论。不管哪种方式的辩论，我们都要求学生：一是要注重表达自己的思维过程；二是敢于质疑他人的观念，表达自己与众不同的观念；三是善于倾听，提高尊重他人的修养及小组内沟通协调的能力和团队意识；四是依据学生辩论情况，教师在关键点上要善于串联、点拨引导和追问，向教学目标靠拢，不断形成新的生成，从而建立学习共同体。

5. 悟：寻找思维的灵性

“思考力课堂”的第五个要素是“悟”，即“悟中学”，指的是寻找思维的灵性。“悟”是学生在充分思考与辩论的基础上，修正自己的见解，深化思维，形成自己的主张，促进思维产生飞跃的过程，是学生在学习知识、运用知识和创造知识的过程中产生的。由迷惑而明白，由模糊而清晰，这就是“悟”的本义。“思考力课堂”通过明、问、思、辩，达成学生对真、善、美正确而深刻的认知，并最终润养形成一种“悟性”，即对事物理解和分析的能力，对知识真正掌握和理解的能力，有效确定行动的方向和起点的能力。

6. 用：开放性运用与实践

“思考力课堂”的第六个要素是“用”，即“用中学”，指的是开放性的运用与实践。它有三个方面的意义：一是学生在课堂中形成的思维方式、沟通协调能力、团队意识等能够应用到生活和未来的学习和工作中。二是通过应用加深对知识的理解，深化思维，尤其是通过运用开放性问题，引导学生的思维进入到综合与运用、迁移与创造知识的高级阶段，发展学生的高阶思维能力，从而与润泽教育所意欲培养的会思想的“卓越行动者”的教学目标相呼应，完成立德树人的根本任务。三是通过应用检测学习目标的完成情况，以此来指导下一阶段的学习。

7. X：学科导向的灵活策略

“6＋X”中的X，则是指根据学科特点而采取的灵活多变策略。学校所推行的“思考力课堂”是一个普遍适用的课堂教育的原则性框架，而教师在这一框架下具有相当大的主动性和能动性。教师能够根据特定的学科特性，对思考力课堂的六个要素灵活取用，即时调整，从而让思考力的培养能够落实到每一学科、每一节课中。

（二）6＋X模式下智慧课堂的“新生”

课堂是教育教学过程中的主阵地，这里每天发生着思维的碰撞，孕育着智慧的火苗。我校在“思考力课堂”文化之下建构的“6＋X”模式，秉承“润泽教育”理念，摒弃了传统的教学思维，在课堂上充分尊重学生的主体地位，发挥学生的主观能动性，以追求学生智慧发展为指向，实现智慧课堂的“新生”。

教育家叶澜教授也说过：“每个学生以完整的生命个体状态存在于课堂生活中，他们不仅是教学的对象，学习的主体，而且是教育的资源，是课堂生活的共同创造者。"① 教育不是告诉、不是灌输，而是点燃学生智慧的火焰，教学不是教师教、学生学，而是师生之间良性互动的过程；教师也不是搬运工、"百事通"，教师只是教学过程中的阶梯角色。"明""问""思""辩""悟""用"六个课堂构成要素外加灵动的"X"，撑起了智慧课堂的内容，渗透于我校的各个课堂之中，使教师在教学过程中"转识为智"，顺着学生智慧的引线，点燃思想的火焰。

在课堂教学过程中，如果教师们始终按部就班、一成不变的话，那么再好的教学设计也会失去生命活力，最终使课堂变成一潭死水。而"6+X"模式下的课堂，每一分钟都在孕育思想、创造智慧，从课程目标的设定到课后知识的运用，教学过程中的每一个环节，我们的教师都只扮演着幕后引导者的角色，教师能做的就是为学生提供获取知识的途径，而真正发挥课堂主体作用的还是学生，学生在教师的引导下自主探究、放飞思绪展开辩论、感悟理解深化认识、习得知识综合运用，这是一个良性发展的课堂，是智慧喷涌的课堂，我们的教师要充分尊重学生，发现学生身上的闪光点，使学生乐学善学，还要尊重学生在课堂中的"灵光一现"，珍视学生的智慧，允许学生在课堂上各抒己见，聆听不同的成长之音，指导学生理性思考，沉着化解难题。这种开放、民主的课堂环境，是一种智慧的舆论空间，是"润泽教育"在课堂中的生动体现，是播撒爱的教育、真的教育、善的教育、灵动的教育的温润路径。

优质的课堂是思想与智慧共生的课堂，重思明辨、充满活力的"思考力课堂"始终坚持以思促学，以智促育，以灵动的教育打开学生

---

① 叶澜：《"新基础教育"论——关于当代中国学校变革的探究与认识》，教育科学出版社2006年版，第89页。

心灵的窗口，用温润的教育润养学生的品格性情，使学生在智慧的课堂中体会到求知的乐趣，感受生命的智慧，让课堂真正成为师生心灵共舞的家园。

三、以评促育，让课堂更有效

《基础教育课程改革纲要（试行）》在对教学活动的评价上强调：“以充分调动教学双方的主动性与积极性为原则，力求促进教学双方在教学活动中展现自身潜质。”① 美国现代认知心理学家梅耶在《教育心理学——一种认知取向的关系》一文中也指出：“教学与测量和评价是相互促进的循环关系，对教学的测量与评价既是教学的终点又是起点。”教育评测机制的建立，是实现“以评促育”的一个窗口，通过这个窗口，教师的教与学生的学之间就会形成正向的反馈效应，在全面、科学、客观的评价中知晓、弥补自身的不足，在完善与提升中润泽生命，从而为“思考力课堂”源源不断地输送教育活力。

（一）完善评价机制，促进育人发展

课堂评价的目的是促进学生知识的建构和人格的正向发展，课堂评价的意义在于激发学生学习的激情，纠正学生学习中的不足，引导师生朝着教育的光明处前行。“重思明辨、充满活力”的课堂需要来自多方的意见和建议敦促课堂改革和进步，“以评促育”是“思考力课堂”实现我校教育目标的重要途径。

1. 深入探究，诊断课堂现状

课堂评价的最终目的是帮助教师了解自身教学情况和学生的学习状

① 《基础教育课程改革纲要（试行）》，2001年6月8日，http://www.moe.edu.cn/publicfiles/business/htmlfiles/moe/moe_309/200412/4672.html。

态，诊断存在的问题，找到解决的措施，不断提高教学质量。因此，要建立有效的评测机制，必须走入课堂中，走进学生里，亲身参与课堂实践，对我们的课堂有全局的把握和了解，这样才能及时发现问题，有效调整教学策略，才能充分发挥评价的诊断和改进功能。

2. 加强联系，共同建构评测课堂

一直以来，我们都说教育是一个系统性的工程，需要多方教育力量的协调，在"思考力课堂"中，也需要社会各界力量的支持，才能构建一个良好的、充满活力的优质评测课堂。其中，来自社会和家庭的力量尤为重要，这些第三方的课堂参与者，对课堂的评价有着更加独特、客观的视角，这些良好的建议可以为我校的课堂建设提供新的路径，从而携手共育新青年。

3. 合理制度，促进学生健康成长

"思考力课堂"的主体是学生，在以学生为本位的课堂中，需要建构以学生为主体的教育和课堂制度，我校"思考力课堂"的评价旨在诊断现状，共同建构，促进成长，其最终目的在于检验教学目标群的达成度，实现扬优补弱。正如学生努力的过程就是学生素质发展的过程，教师关心的是学生学习的轨迹和改变情况，而不是最终的结果，综合全面的评价能使学生认识自己的优点和缺点，扬长避短，不断发展，得到综合全面的发展。因此，我校的课堂评测制度以调动学生的积极性、让学生体验成功为原则，使学生充满学习的勇气和信心。

（二）课堂评价路径探索

一位著名教育家说过："教育技巧的全部诀窍就在于抓住儿童的这种上进心，这种道德上的自勉。"学生的心灵纯洁得犹如一张白纸，在成长的道路上，他们需要来自教师、老师、社会的勉励，方能在人生的图纸上描绘出斑斓的图景。在教育教学过程中，课堂是发生评价最多的环境，因此，优化课堂评价体系，有利于提升课堂内驱力，调整学生的学习态度，建设一个“充满活力”的课堂。

1. 评价主体多元化，建构完整评测网络

学生主动参与课堂评价。“润泽教育”中，学生始终是“思考力课堂”的主体，学生本位的课堂需要建构以学生为主体的学习和教学，教学中的每一个环节都要以学生为主，让学生主动参与课堂评价，是课堂效果反馈的重要途径，学生对课堂内容的评价，可以让教师迅速掌握学生的学习状况，对自己的教学内容作出调整，把评价的权利还给学生，让师生的审美情感与价值观得到共识、共享、共进。学生自我评价和相互评价的过程，同时也是自我认识、自我提升的过程，通过自省与自勉，学生的自主学习能力和思考力得到了提升，无形中润养了学生“重思明辨”的价值态度。

教师自觉参与课堂评价。教师是课堂的引导者，统领着课堂发展，但检验教学质量的好坏，也需要教师参与其中，毕竟，我们的教师是课堂内容的组织者和建设者，对课堂内容的评价，教师群体是最有发言权的。因此，作为校长，要为我们的教师群体提供讲座、培训等多种学习途径，对教师课堂评价的方法、技巧进行培训，提高教师自评、教师同行互评的能力，让教师会评、善评、助评，将目光着眼于教育课堂之中，在“教研相长、深思力行”的教师群体中，激发教师活力，润养教师的职业道德，促进教师队伍的良性发展。

家长积极参与课堂评价。家庭是学生教育的第二课堂，那么来自家庭的评价之音就不可或缺了。在“润泽外联”家校联合模式下，我校的学生家长比以往更加关注学生的教育问题，因此，家长对于课堂教学的评价意见对于改进我校的教育教学方式来说，具有一定的参考借鉴价值。通过邀请学生家长参与课堂旁听、召开家长会即时反馈课堂教学效果等形式，收集学生家长的评价意见，从而改进课堂教学的方式方法，另一方面，也能给家庭教育提供思路，将育人方法也渗透于家庭课堂之中。

社会力量协同参与课堂评价。“没有围墙的课堂”已成为我校课堂教学的一部分，在社会这个大的育人环境之下，将课堂搬进社会、搬入社区，社会各界人才汇聚一堂，形成社会教育的主要力量。但毕竟社会课堂不同于我们常规的学校教育，稍有差池便会事倍功半，无法达到我们预期的教学目标。因此，我们的学生在社会课堂习得知识、开拓视野的同时，需要社会力量的辅佐，协同参与课堂评价，才能发出对社会课堂评价的最强音，提高学生的综合素质，促进学生全面发展。

2. 评价方式多样化，促进学生全面发展

有人说，评价应该是永远更好地帮助学生成长，这比把学生的错误进行归类更重要。的确，掌握正确的评价方法能使课堂教学更有效。传统的评价以终结性评价为标准，用成绩或对错这种偏激的、片面的方式来评价学生的学习，面对能力各异的学生，难免会在无形中挫伤个别学生的学习自信心，偏离了我校育人的初心。有人说：“教师多一把评价的尺子，这把尺子下就能教出优秀的学生。”因此，我校始终鼓励教师在课堂教学过程中发现学生的闪光点，用灵动的、鲜活的评价方式润泽学生的心灵。

一是把握课堂效能性评价。以往的课堂，过于注重评价的形式，却忽略了课堂评价的效能性，无法对学生在课堂上的表现作出全面客观的评价，有时会导致学生降低学习兴趣，不利于教学目标的达成。我鼓励我们的教师团队，在课堂中关切学生，根据学生发表的不同意见给予个性化的评价意见，使课堂评价成为教学过程中的催化剂，让学生充分感受到学习的快乐，激发学生独自思考、探究的能力，使我们的学生在“思考力课堂”上发光发热。

二是关注课堂形成性评价。形成性评价是强化学生学习能力和改善教学质量的一条路径，因此，我们的教师要提高运用形成性评价的能力，关注学生的课堂反应，在课堂中的每一个环节都要关注学生的发展，关注学生的个体差异，使学生成为课堂主体，让学生清楚地理解学习目标。通过教师的评价，学生会获得具体的、特定的教学反馈，从而营造一种“重思明辨、充满活力”的课堂氛围，提升学生的课堂参与热情。

三是合理运用终结性评价。教学过程是一个动态发展的过程，我们要关注学生发展的全过程，在阶段末和学期末等节点对学生学习情况和教师教学质量作出结论性评价。这种评价可以通过关注学生某门课程或者某个学习阶段知识的掌握情况，来检测教育目标的完成度，这把评价之尺，丈量着教学质量的好坏，规划着学生发展的未来。

课堂评价对提高教学质量意义深远，要把课堂评价放在提高教学质量、教学效果的重要位置，不断创新评价方式，以真诚的语言、温和的表情、期盼的目光、宽容的态度去激发学生的学习欲望，去挖掘学生的潜能，发展学生的个人能力。通过评价的方式了解学生，也让学生了解自己，看到自己前进的方向，提升自身学习的自主性，增强学习的信心。

第五节　建立“立德敦品，弘毅励行”的润泽德育

《道德经》中有云：“大方无隅，大器晚成，大音希声，大象无形。”可以理解为：最方正的东西，看起来却是没有棱角的；最大的声

音，反而无声无息；最大的形状，是没有形状的。教育也是如此，以文化人、育人无痕是教育的最高境界。这也是我校德育建设追求的境界。

学校在"润泽教育"的统领下，以"润品育能，筑基未来"的办学理念为指引，围绕"润养会思想的卓越行动者"这一育人目标，从德育理念、德育目标、德育内容、德育途径及德育评价等要素出发，系统建构以育人目标为价值导向的"润泽德育"体系，从而打造学校独特的德育文化，切实促进育人目标的达成，润养出会思想、有情怀、敢担当、能作为的润泽少年。

一、"润泽德育"润生命底色

《尚书》有云："正德厚生，臻于至善。"德是天地之根本，万物之根本，社会之根本，也是每个人能生存在社会的根本。那么，何为"德"？何为"德育"？澄清德育概念不仅是一个重要的理论问题，而且也是一个重要的实践问题，对于构建德育理论体系和开展德育实践都十分重要。

（一）概念界定，理解"德"与"德育"的要义

从词源上考察"德"："德"在古代写作"悳"，上半部分为"直"，在古代读"得"音，"心"表示思想感情。汉代许慎在《说文解字》中讲："内得于己，外得于人，从心，得声。""德"与"得"是相通的。"得"的内容是什么呢？是"道"。"道"在古代指事物运动变化的规律与规则，包括处理人与人、人与社会之间的关系的规范。当人们认识了道，将其内化为自己的思想情感，然后外化为行为施与人，便是德。可见，德字本身包含了人和己、身和心、内和外这样的辩证关系。"育"在《说文解字》中解释为："养子使作善也。"育德即"养

德”，涵养熏陶品德。

对于德育的理解有广义和狭义之分。广义的德育包括政治教育、思想教育、道德教育和法制教育，是这此教育活动的总称。狭义的德育一般指道德教育。《中国大百科全书·教育卷》中提到：德育是教育者按照一定社会或阶级的要求，有目的、有组织地对受教育者施加系统影响，把一定的社会思想和道德转化为个体的思想意识和道德品质的教育。①

《中小学德育工作规程》中提到：德育即对学生进行政治、思想、道德和心理品质教育，是中小学素质教育的重要组成部分，对青少年学生健康成长和学校工作起着导向、动力、保证作用。

（二）深入思考，从文化视角出发解决德育之困

“树人先树品，立人先立德。”德育建设不仅是实施素质教育的灵魂，也是每所学校立德育人的大事。然而，在德育建设的过程中，大部分学校都面临这样的德育困境：学校德育建设缺少系统性及整体性；德育建设与办学文化呈现“两张皮”；德育活动和课程呈散点化、同质化以及德育建设缺少特色，难以向纵深发展。

同样，这也是我校所面临的困境和亟需解决的难题。为此，我校一直在积极寻求突破之口，探寻解决之道。国学大师钱穆先生说：“一切问题，由文化问题产生。一切问题由文化问题解决。”我想，作为文化生发地的学校，在落实国家教育方针的基础上，也要从学校文化的视角，从“学校要培养什么样的人”这一问题出发，去进行德育建设，从而既能实现国家共性的德育目标，也可以促进学校育人目标的达成，更让学生在全面发展中实现个性的成长。

---

①　参见中国大百科全书编辑部编：《中国大百科全书·教育卷》，中国大百科全书出版社 1985 年版，第 189 页。

在我们看来，从文化视角出发，能很好地聚焦文化，进行整体建构，实现德育内容整合，形成学校德育特色，从而解决德育建设中遇到的困境。

第一，聚焦文化，解决学校办学文化及育人目标难以真正落地的问题。基于文化下的德育建设将把德育建设的视角从响应国家德育的共性要求、遵循学生成长特点的基础要求上，聚焦到学校文化的特色发展上，从学校的办学理念及育人目标出发，去建构德育体系，解决学校办学文化及育人目标难以真正落地的问题。

第二，整体建构，解决学校德育建设不成体系、不系统的问题。从校情出发，很多学校前期的德育建设工作都是自下而上的践行过程，而缺少自上而下的系统建构。基于文化下的德育建设，将着眼于从宏观建构，从微观求证，用文化这条线将所想所做所行串联起来，成为整体，解决学校德育建设不成体系、不系统的问题。

第三，内容整合，解决学校德育活动和课程散点化、同质化的问题。当前，很多学校的德育活动和德育课程虽然丰富但却呈散点化、同质化。基于文化下的德育建设，强调围绕学校办学理念和育人目标，对接德育活动和课程，进行课程和活动的系统整合，打造完整的、个性化的德育活动和课程。

第四，深化提升，解决学校德育建设难以向纵深发展、没有特色的问题。每所学校都有自己的文化，文化即个性，即特色。基于文化下的德育建设强调以学校文化为主线，这样有利于促进学校文化在德育中的渗透和浸润，引领德育建设走向纵深发展，体现个性，打破"千校一面"的德育样态。

（三）顺势而为，把握德育建设的方向

德乃立人之本，立校之基。正因为德育关乎生命成长、关乎学校发

展，因此，我校德育体系的建设并非随意而为之，而是立足宏观，把握微观，从不同视角和背景，对新时代的德育要求、学生成长规律以及学校的育人方向等进行缜密的分析和探究。

第一，要响应国家关于德育教育的政策主张。

国家对于德育教育的政策主张是宏观的指引，更是育人的方向。《国家中长期教育改革和发展规划纲要（2010～2020年）》《中小学德育工作指南》《小学德育纲要（试行）》《中国教育现代化2035》等文件分别指出了新时代育人的新方向和德育建设的新目标。习近平总书记在2018年全国教育大会上就“怎样培养人”的问题，提出要在“坚定理想信念、厚植爱国主义情怀、加强品德修养、增长知识见识、培养奋斗精神、增强综合素质”六个方面下功夫。① 这六个方面既具有强烈的针对性，又具有鲜明的时代性，为我校开展德育建设指出明确方向。

同样，在2020年全国教育工作会议上，陈宝生部长在讲话中提出：“提升落实立德树人根本任务的针对性、实效性，对准‘五育并举’体系中的短板弱项，保持定力、持续用力、精准发力。要绘好爱国主义同心圆，推动教体融合，划出美育硬杠杠，构建劳动教育责任链条，打通家校连心桥。”② 其中，爱国教育、美育教育、体育教育、劳动教育、家校协同这几方面也是我校德育建设的重要工作。

第二，要遵循一至九年级学生成长特点及规律。

学校德育应树立“以人为本”的核心理念。把学生放在正中央，遵循学生身心发展规律，促进学生身心健康成长。作为一所九年一贯制

① 参见《中共教育部党组关于认真学习贯彻全国教育大会精神的通知》，2018年9月14日，http://www.moe.gov.cn/srcsite/A27/zhggs_other/201809/t20180914_348818.html。

② 《奋战2020确保“收官之年”圆满收官——2020年全国教育工作会议召开》，2020年1月11日，http://www.moe.gov.cn/s78/A10/moe_601/202002/t20200210_419637.html。

学校，我们更加深刻地认识到：学生成长的初始九年是一段宝贵的时光，九年义务教育是基础性和关键性教育，也是学生成长的重要时期。在这一阶段，不仅要加强学校的德育建设工作，而且要关注学生的成长规律、认知能力和身心发展，注重德育建设的连贯性和可持续性，既要做到从时间上不断层，做好年段的衔接和贯通；又要做到从空间上不留白，做到学校、家庭、社会教育的三结合，从而为学生奠定一生的坚实基础。

第三，要实现学校办学文化及育人目标的落地。

学校文化和价值追求共同决定着学校德育的个性。我们认为，德育建设不仅要体现国家的教育主张，还应表达出学校自身对于德育的价值追求。这也正是学校德育建设的魅力所在。我校在综合考虑到社会及教育发展对于"立德树人"的要求，考虑到教育本质是"以人为本"的核心的基础上，更进一步考虑如何将"润泽教育"文化和"润养会思想的卓越行动者"育人目标渗透到德育建设中，形成学校自身的德育个性。为此，我们强调以育人目标为逻辑起点，建构以育人目标为价值导向的德育建设，让培养目标切实地落在德育中，真正化为学生的德与行。

（四）提炼思想，建立"立德敦品，弘毅励行"的润泽德育

德育之于学生，犹水之于花木，是无声的浸润过程。在我们看来，立德树人是学校教育之根，是学生成长之基，只有把德育做好，夯实根基，学生才能有面对风雨的坚定，才能成长为参天大树。我校通过前期对德育建设面临困境的思考以及对德育建设方向的定位，在对"润泽教育"文化的解读和理念的引领下，进一步提出学校的德育理念：建立"立德敦品，弘毅励行"的润泽德育（如图 4-18 所示）。

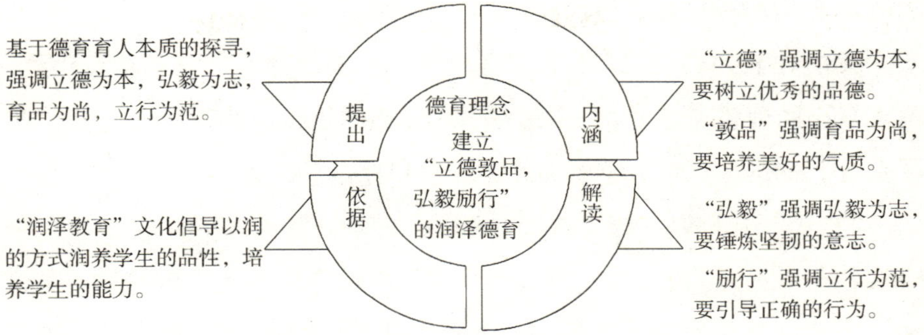

图 4-18　我校德育理念图示

1. 基于两个维度，提出“润泽德育”

“建立‘立德敦品，弘毅励行’的润泽德育”这一理念的提出，一方面是基于对德育育人本质的探寻。在《说文解字》中，“德”字解释为“升”也，指境界因善行而升华。“德育”从字面理解就是对德的培育。正所谓，“育人先育心，树人先树德。”德育永远是学校教育的第一位。探寻德育的本质在于培育德行、健全人格、净化心灵，启迪精神，规范言行。因此，从德育育人本质出发，我们提出“立德敦品，弘毅励行”，强调立德为本，弘毅为志，育品为尚，立行为范。

另一方面，这一理念的提出源于“润泽教育”文化的浸润。我校“润泽教育”文化强调以润的方式润养学生的品性，培养学生的能力。同样，“润泽德育”与之相契合。德育培养是真实而有温度的，它不是灌输和强制，而应是润泽与启迪。它的培养过程就是一个知、情、意、行相互统一的过程。因此，从德育培养过程的角度，我们提出“立德敦品，弘毅励行”，其中，“立德、敦品、弘毅、励行”四个方面也是培养“知、情、意、行”的过程，从提高道德认识（立德）到陶冶道德情感（敦品），再到锻炼道德意志（弘毅），最后升华为道德行为（励行），这也是一个潜移默化的过程。

2. 融入学校文化，解读“润泽德育”

我校对于“‘立德敦品，弘毅励行’的润泽德育”这一德育理念，有着自己的理解和思考。在我们看来，“立德敦品，弘毅励行”是“润泽德育”的内核，蕴含学校的办学理念和育人目标的要义。

“立德”强调以立德为本。“立德”一词出自《大学》中的“大学之道，在明明德，在亲民，在止于至善”，指要树立优秀的品德。“敦品”强调以育品为尚。“敦品”一词出自《归田琐记》中的“先生敦品励学，实为儒宗”，指要培养美好的气质。“弘毅”强调以弘毅为志。“弘毅”一词出自于《论语》中的“士不可以不弘毅，任重而道远”，指要锤炼坚韧的意志。“励行”强调以立行为范。“励行”出自《明诗纪事甲签》中的“诚以惜时不如立名，慕德不如励行”，指要引导正确的行为。

建立“立德敦品，弘毅励行”的润泽德育就是用温润的文化气息无声地浸润，通过丰富而多元的德育育人途径，融爱国教育、美育教育、体育教育、劳动教育、家校协同等为一体，坚持立德树人，落实“五育并举”，从而培养优秀的品德、培育美好的气质、锤炼坚韧的意志、引导正确的行为，让学生做到立德、立心、立志、立行，成长为一个会思想、有情怀、敢担当、能作为的“润泽少年”。

“润泽德育”润生命底色，这是我们的期望。学生不是盛装知识的“容器”和消极被动的“盲从者”，而是生命成长者，促进学生自主生长是润泽德育的理想指归。德育不应是灌输与强制，而是润泽与启迪，让每个生命都能够立德、立心、立志、立行。

二、建构以育人目标为价值导向的“润泽德育”体系

有一句颇富哲理的话是：内容充实的生命是永恒长久的，要以品行

而不是以时间来衡量生命。在学校德育建设工作中，我们应通过各种途径润养学生的品行，发展其多方面的能力，使他们的生命丰富而美丽，使他们获得巨大的能量，促进他们多元、和谐、全面成长。

为此，在“润泽教育”文化的引领下，围绕“润养会思想的卓越行动者”这一育人目标，秉承“立德敦品，弘毅励行”的润泽德育理念，我校从德育目标、德育内容、德育途径及德育评价等要素出发，系统建构以育人目标为价值导向的“润泽德育”体系，从而打造学校独特的德育文化，切实促进育人目标的达成，润养出会思想、有情怀、敢担当、能作为的润泽少年。

（一）明确德育总目标，提炼“四维”分级目标

如果说德育理念是“灵魂”，那么德育目标就是方向，两者缺一不可。德育目标是教育目标在品德方面的总体要求，它要与学校的育人目标相契合。

我校深入解读育人目标，对“润养会思想的卓越行动者”这一育人目标进行二级及三级目标的分解，从“知、情、意、行”德育过程四个维度提炼出学校德育培养的重要品质、德行和能力，从而形成“润泽德育”总目标：培养会思想、有情怀、敢担当、能作为的“润泽少年”。

同时，我们围绕“会思想”“有情怀”“敢担当”“能作为”四个维度，结合学生发展核心素养，提炼出“博学强识、审辨慎思、同理共情、人文底蕴、家国情怀、树立理想、规则意识、责任担当、自立自强、探索创新、致知笃行、追求卓越”体现学校育人属性的 12 种核心素养。并根据一至九年级低、中、高、初中四个年段学生成长特点和规律，细化分解出 48 项“润泽德育”分目标体系，对每个年段的分目标都提出具体的要求和标准，保证德育分目标层级清晰，循序渐进，既为

学校教师开展德育工作指引方向，又为学校"润泽德育"的实施做好铺垫。

例如，针对低段（一至二年级），我们提出的"润泽德育"分目标是：态度端正、认真聆听；积极动脑、规范语言；尊师孝亲、学会分享；学习文化、体悟传统；文明有礼、爱家爱校；丰富兴趣、培养爱好；语言文明、行为规范；自我保护、珍爱生命；克服依赖、学会自理；保持好奇、善于观察；开放思维、动手实践；认识自我、乐观积极。

针对中段（三至四年级），我们提出的"润泽德育"分目标是：学习专注、积极互动；逻辑清晰、语言丰富；珍惜情谊、懂得感恩；积累文化、正确审美；感恩有情、寻根故乡；树立目标、挖掘潜能；遵规守纪、诚实守信；爱护环境、关心集体；掌握技能、学会生存；发现问题、独立思考；沟通交流、共同协作；悦纳自我、严于律己。

针对高段（五至六年级），我们提出的"润泽德育"分目标是：多元识读、善于质疑；逻辑清晰、善于反思；欣赏他人、换位思考；尊重文化、学会欣赏；团结有责、民族融合；心怀梦想、积极奋斗；知法懂法、正直善良；无私奉献、维护荣誉；调控情绪、自律自爱；归纳分析、反思梳理；深度参与、善于合作；完善自我、勇于探索。

针对初中段（七至九年级），我们提出的"润泽德育"分目标是：主动求知，融会贯通；明辨是非，表达思想；助人行善，心怀悲悯；传播文化，创意表达；自信有梦，关心世界；坚守信念，实现价值；敬畏法律，坚守原则；勇于担当，热心公益；抗挫抗压，自我管理；批判质疑，深入探究；独立策划，统筹兼顾；超越自我，崇德向善。

总之，"润泽德育"中每一个德育分目标都有科学定义，都有具体的要求和标准，将德的要求与德的行为联系起来，与学生的情感和价值观结合起来，强化内在的修养与外在行为的有机统一，从而实现学生的内外兼修、知行合一。

（二）基于育人目标，建构“润泽德育”体系

德育体系是学校德育建设的蓝图，观德育体系便能看到这所学校之于德育建设的所思所想、所行所为。在我看来，德育体系囊括了学校德育工作的方方面面，它既是一项自上而下的体系建构，又是一项自下而上的实际践行。也就是说，要建构一个完整的德育体系既要做好宏观层面的顶层建设，更要从微观层面对学校德育工作情况进行梳理和汇总。

为此，在建构“润泽德育”体系的过程中，我们从两方面推进和实施：一方面自上而下进行顶层建构，从育人目标出发，分解核心要素，进一步明确“润泽德育”的总目标、年段分目标以及年级分目标的具体行为标准。另一方面，我们自下而上进行德育工作的梳理。我们多次组织德育干部和主管进行深入研讨，了解学校德育建设情况，梳理出各学段开展的德育活动和课程，最终建构一个完整的以育人目标为价值导向的“润泽德育”体系。

我校“润泽德育”体系框架主要是以育人目标为出发点，分解出“一标四维十二品”。一标，即“培养会思想、有情怀、敢担当、能作为的‘润泽少年’”的“润泽德育”总目标；四维，即会思想（知）、有情怀（情）、敢担当（意）、能作为（行）四个维度；十二品，即“会思想”下的博学强识、审辨慎思、同理共情；“有情怀”下的人文底蕴、家国情怀、树立理想；“敢担当”下的规则意识、责任担当、自立自强；“能作为”下的探索创新、致知笃行、追求卓越等十二种核心素养（如图 4-19 所示）。

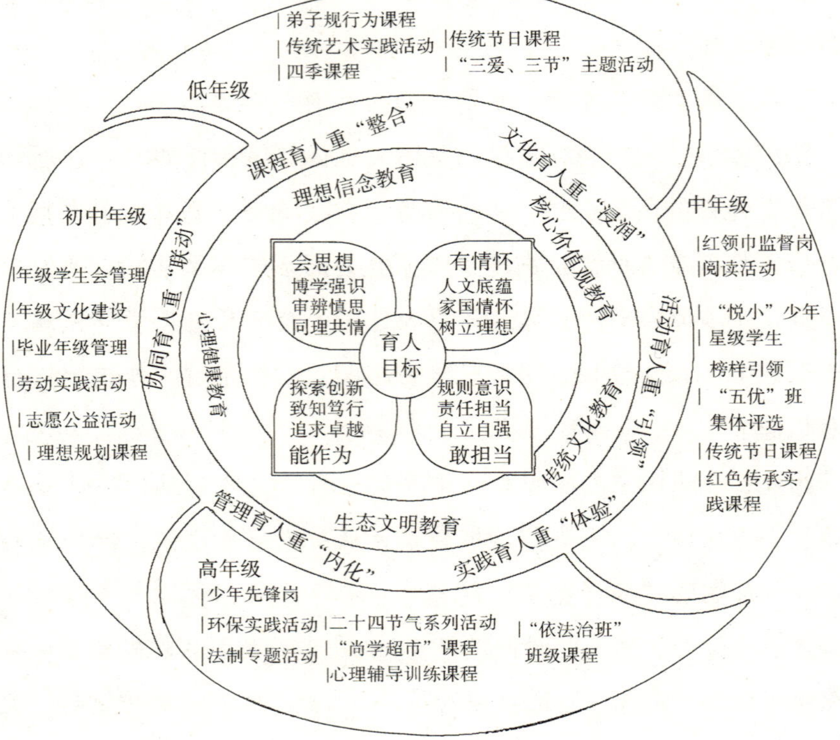

图 4-19 "润泽德育"体系框架图

依据《中小学德育工作指南》，根据"一标四维十二品"，我校确定"润泽德育"内容，以理想信念、核心价值观、传统文化、生态文明、心理健康为五大必修类别，围绕低、中、高、初中各学段目标和学生成长特点，以课程育人、文化育人、活动育人、实践育人、管理育人、协同育人为行动路线，用润泽、启迪的方式，培养学生具有高尚的品行、健全的人格、美好的心灵、向上的精神。

（三）精心打造德育特色，促成目标有效达成

"如何让学校'润泽德育'体现出独特的文化属性，做出特色，做出亮点?"这是我校一直在思考、践行的事。经过不断的探索尝试，

“养成教育”“依法治班”“志愿服务”“星级榜样”……一批富有学校特色的德育项目脱颖而出，为“润泽德育”绘上一抹亮色。

1. 特色一：润心养正·养成教育

“九层之基，起于垒土。”九年义务教育是基础性和关键性教育，也是学生成长的重要时期。在这一阶段，养成教育不能留白和断层，要遵循学生成长规律，做好年段衔接和贯通，从而为学生一生的发展奠基。我校建立了阶梯式养成体系模型，从“润泽教育”文化出发，按照小学低段、小学中高段、中学学段细化培养目标，按学段逐级递增，形成阶梯式养成体系模型。同时，精心打造主题教育活动——养成教育月。养成教育成为学校必不可少的“开学第一课”，每年 3 月、9 月都要召开“学规范、正行为、养习惯”养成教育月活动，促进学生行为习惯、个性品质和思想道德素质的提高，为学生的终身发展打下坚实的基础。另外，我们推出“五优”班集体考核标准。我校将养成教育与班级评比结合，根据学校特点，修定“五优”班集体考核标准，采用“日公示—周统计—月表彰—期末总评”闭环形式，让学校的各项教育活动有章可循，有规可依，促使学生由他律走向自律。

2. 特色二：明礼导行·依法治班

班级虽是学校的小单位，却是学生生命成长的摇篮。“依法治班”模式已经成为我校班级管理中的主要特色。该模式不仅能够推进养成教育的落实，更能促进班级民主氛围的形成。为了尊重学生，让学生更好地做到遵章守纪，依据校情、学情，学校倡导各班根据班情，自主修订班级建设目标及制度，采取班级学生讨论、家长参与的形式形成班级公约，制定班训、班规、班徽。学生每人有负责的班级小岗位，做到班级管理“人人有事做，事事有人管”，充分发挥学生是班级主人翁的育人理念，让学生充分参与到班级管理中，提升其管理意识和责任意识，从而实现在管理中育人育己，逐步形成"知行合一、行胜于言"的自我管理意识。

3. 特色三：扬善躬行·志愿服务

品德培养不仅在于内在的修炼，还在于外显价值的体现。我校开设了志愿服务公益课程，将教育从学校延伸到家庭，辐射到社区。如，学校组织七年级学生进行"志愿北京"服务平台注册工作，建立以班级为单位、全员参与的志愿服务小队。同时，深入开展学雷锋、码放共享单车、关怀慰问老人、定期巡河保护环境等志愿服务活动，让学生在奉献和付出中体验助人之乐，服务社会，彰显价值。

4. 特色四：崇高品德·榜样引领

"高山仰止，景行行止。"榜样的力量是强大的。我校结合学生特点组织星级评选活动，九个年级组依据年级情况自主设计星级，例如：文明星、守纪星、学习星、卫生星、健康星、环保星、志愿星等，通过星级榜样评选的多元评价有效提高了学生的习惯养成，培养学生学习榜样、争做榜样，促进了班风、学风、校风的建设。

5. 特色五：激励成长·尚学成长

学科评价重在创新。我校各学科优化评价方式，激励学生成长。我校数学学科以本学科实践为切入点，撬动多学科的融合，以"尚学存折"为评价载体，开创了"尚学成长超市"。它是教师根据学生在校学习生活中的表现进行积分，积分以货币的形式存进"尚学存折"，当学生的"货币"达到一定数额时，可以在年级"尚学成长超市"中兑换礼品。利用积分制协同管理，以积分来衡量学生的自我价值，反映和评价学生的综合表现，将各种精神奖励和物质奖励与积分挂钩，以期通过评价积极引导和帮助学生健康成长，促进学生成为拥有丰厚的知识底蕴、卓越的能力和较高的道德水平的行动者，有效达成学校的育人目标，落实立德树人的根本任务。

“问题是实践的起点、创新的起点。”[①] 任何实践和创新都是为了真正解决问题。我校以育人目标为价值导向的“润泽德育”体系的建构与实践探索是为了真正实现学校德育建设由零散化走向系统化，由同质化走向个性化，解决育人目标落地过程中的痛难点问题。我们以学校文化为突破口，自上而下系统建构，形成了完整的德育育人体系，落实立德树人，践行“五育”并举，润养学生的德与行，实现育人终极目标。

三、文化润德“六育人”行动路径的探究与实践

“行是知之始，知是行之成。”德育实施，就是对德育思想和德育目标的践行。为了保障润泽德育目标的实现，落实润泽德育的理念，促进德育课程及活动的实施，我校坚持“六育人”的实施模式，强调课程育人重“整合”、文化育人重“浸润”、活动育人重“引领”、实践育人重“体验”、管理育人重“内化”、协同育人重“联动”，全面践行六大德育途径，切实增强学校“润泽德育”工作的科学性、针对性和实效性（如图 4-20 所示）。

（一）课程育人重“整合”，将德育渗透到教育全过程

著名教育学家陶行知指出：“全部的课程包括全部的生活，一切课程都是生活，一切生活都是课程。”[②] 课程是实施教育的载体，德育课

---

① 贾立政：《在坚持问题导向中开创事业发展新局面》，《人民日报》2017 年 9 月 14 日。

② 华中师范学院教育科学研究所编：《中国乡村教育运动之一斑：陶行知全集》，湖南教育出版社 1985 年版，第 231 页。

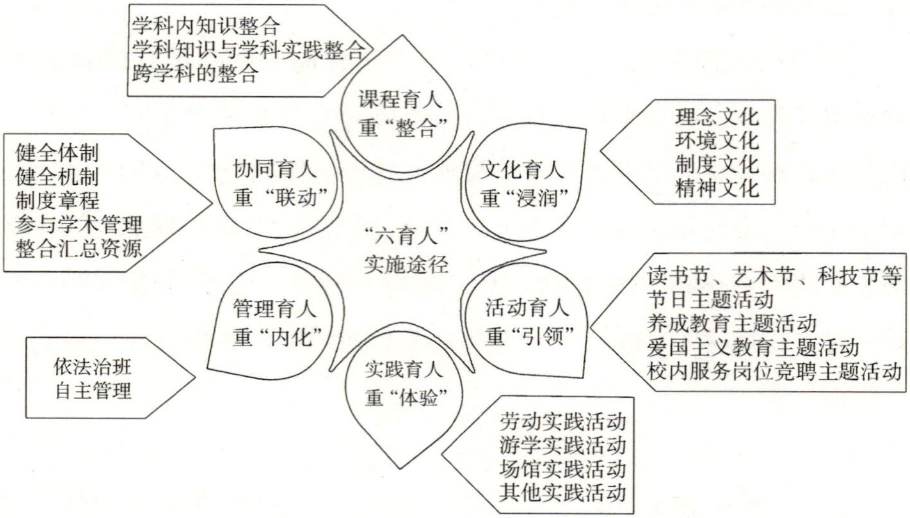

图 4-20　文化润德"六育人"行动路径

程是系统实施德育教育的重要保障，它赋予学生成长的价值和力量。

我校强调课程育人，将德育教育渗透到教育的全过程。学校从三个层面为学生提供丰富的德育课程。一是学科内部知识的整合。在基础性的课程中通过学科内部知识的整合打造"思考力课堂"。目标引领、问题驱动，注重生成，通过实施探究式、项目式的学习，深入挖掘知识背后的思想方法和价值观，发展学生的思考力。二是学科内知识与学科实践的整合。将学科课程的课内和课外相结合，通过实践加深对学科知识的深入理解和综合运用。三是跨学科的整合。开发了 STIP 课程，基于现实的问题、具体的情境，跨学科整合知识来解决实际问题，培养学生的创造能力。

（二）文化育人重"浸润"，让校园处处成为育人场所

学校是传承文化之所，是教书育人之地。我们要通过打造良好的德育生态环境，让学校处处成为育人场所，从而让师生能够观其景、品其

文、悟其蕴、明其道。

校园环境虽是隐性课程，但却是德育教育最直接的表达。我们在校园建设中，以“润泽教育”文化为内核，赋予学校建筑景观、一草一石以生命，突破急功近利的短视，注重文化的渗透，让学校的一步一景都彰显着“温文尔雅、和谐阳光”的文化氛围。学校的理念石、校训石，高部充满未来感的科技长廊，低部充满人文化的文化走廊，以“润泽”为主题的学生作品展示窗……都在无形中熏陶着师生，达到“无声胜有声”的育人效果。

班级文化是“润泽德育”的着力点，我校提出“倡导个性，融合情感，班级带动，文化育人”的基本思路，让师生、生生、家校共同参与班级文化建设。组织学生利用方寸之地，打造制度角、活动角、激励角、心语角、才艺角、英语角等，创建“多元、多形态、多载体”且“多而不乱、多彩有序”的“文化型德育”环境；实施“依法治班”班级管理模式，倡导学生自主自治，修订班级制度、公约，制定班训、班规、班徽，真正做到班班有文化，人人有自信，一班一世界，全校共情怀。

（三）活动育人重“引领”，以正确价值观引导学生

德育活动是滋养学生德行与心灵的源泉活水。在我们看来，德育活动不在于“灌输”，而重在“导向”，要融入不同的教育主题，在潜移默化中以正确的价值观引导学生的德与行。

一是开展主题教育活动，并精心设计每次活动的内容。如学校的读书节、艺术节、体育节等节日主题活动，学生干部竞聘、开学典礼、毕业典礼等主题活动，邀请两院院士、老红军作报告、讲故事等主题活动，每学期的养成教育月主题教育活动等，通过系列主题活动，引领学生形成坚定的理想信念，提升个人的品德修养。二是开展心理健康教育

活动。我校不仅注重锤炼学生的健康体魄，更注重培养学生的阳光心态。面向全体学生，我校各校部配足配齐专兼职心理教师，开展学生心理咨询及心理健康教育活动，关注学生的心理，健全其人格，为他们的心灵注入养分。三是开展多元化的社团活动，学校在科技、艺术、体育等方面开展丰富多彩的社团活动，比如组建金鹏科技团、金帆管乐团以及各类美术团、舞蹈团和合唱团、足球社团等，挖掘学生内在潜能，激励学生自觉、自信地发挥潜能、发展自己。四是开展少先队活动。我校利用各种集会、班队会和重大节日，开展国旗下讲话、入队仪式、红领巾通讯社、科学家中队、离队建团仪式等活动，引领学生形成正确的价值取向。

（四）实践育人重"体验"，以实践促进学生健康成长

"实践出真知。"我校强调实践育人，让学生通过参与、体验、感悟、内化等形式，形成正确的价值观，丰盈成长的力量。

一是开展劳动实践活动，安排学生开展校内、家庭卫生劳动，校外基地劳动和社区服务志愿活动，培养学生热爱劳动的观念。二是开展游学系列实践活动。组织学生走出校园，到全国各地游学，开阔视野，提升民族自豪感。三是开展场馆实践活动。如每学年开展一次"四个一"活动——参观国家军事博物馆、国家博物馆、首都博物馆、抗日纪念馆，参加天安门观升旗仪式，让学生铭记历史，缅怀先烈，厚植爱国的情怀。

（五）管理育人重"内化"，实现自我管理的境界

苏霍姆林斯基曾说："只有能够激发学生去进行自我教育的教育，才是真正的教育。"① 管理的最高境界是学生的自我管理。为了培养学

① ［苏］苏霍姆林斯基：《给教师的建议》，杜殿坤译，教育科学出版社 1984 年版，第 350 页。

生的自我管理能力，首先各年级成立自主管理委员会，制定了《年级管理章程》及《年级对各班级的评价标准》。学校在班级管理工作中倡导实施“依法治班”班级管理模式。所谓依法治班是指各个班级依据年级制定的各项规则，制定各个班级建设目标，公约、班训、班规、班徽等。规则的制定采取班级学生讨论、家长参与的形式形成。学生每人有自己负责的班级管理小岗位，做到班级管理“人人有事做、事事有人管”，这种管理模式，易于学生内化规则，提升其自我管理能力和责任意识。

（六）协同育人重“联动”，共同营造良好的德育氛围

家校社协同育人中，家庭教育是基础，学校教育是关键，社会教育是家庭教育和学校教育的延伸。“润泽德育”的建设强调学校、家庭、社会共同“联动”，形成一个完整立体的德育网络，共同营造良好的德育氛围。

首先，健全协同育人体制。成立了“学校（校部）—年级—班级”三级家委会管理体制，成立了学校膳食委员会。建立了协同育人的机制，制定了《中国教科院朝阳实验学校三级家委会章程》《中国教科院朝阳实验学校家委会工作职责》《中国教科院朝阳实验学校膳食委员会工作职责》。

积极开展家风建设主题活动，开展了“重家教、树家风、传美德、共育人”主题实践活动，提升家庭的育人能力。开展“好家长”评选活动及“我的育子梦——家庭教育故事”征文。成立了家校共育大讲堂，邀请家长进学校介绍育子的经验，为学生开设与自己专业相关的课程讲座。家委会每天至少有 3 名家长到校办公，全程参与学校管理，参与学校大型活动。家长们走进学校、走进班级、参与活动，以学校的发展、学生的成长为己任。

坚持开门办学，积极构建社区共育机制。学校充分整合和利用社区资源，搭建平台，让学生走出校门，走进社区，参与社区的志愿服务和实践。

总之，"润泽德育"建设和实施是一个熏陶浸润的过程，是一个不断深化的过程。未来，我们还将对基于育人目标下的润泽德育的落地路径进行积极探索，比如基于育人目标下进行诵读类课程的开发，通过课程落实育人目标的达成；基于育人目标下进行主题类活动的策划，如组织"思想日""情怀日""担当日""作为日"等相关文化主题活动；基于育人目标下德育评价的建设，将分解的育人目标与不同年段学生日常行为对标，形成针对性的评价……相信，只有在不断探索和实践中，才能将"润泽德育"做到深处，真正引导学生扣好人生第一粒扣子。

四、以"荣誉评价体系"育润泽少年

评价无论在教学、管理、课程或是德育中，都是一个重要的闭环。无评价就不知结果，不知结果就无法完善。因此，在学校各项工作中，评价是不可或缺的。评价是为了创造适合学生的教育，有什么样的评价，就会有什么样的教育结果。同样，德育也需要一套行之有效的评价系统，以巩固与促进学生道德内化。

为了让评价更贴合于学校德育发展，更符合学生成长的规律，促进学生全面而多元的发展，我校围绕"润泽教育"文化，依据育人目标和德育目标的落地，设计了一套完整的、多元化的"润泽少年"荣誉评价体系。体系由一标四维十二品为主要考核点，用评价带动德育的创新，引领学生的发展。

（一）德育评价建构基于育人目标及德育目标的达成

我们建立润泽德育评价的目的是什么，润泽德育评价到底要评价什么，这是我和德育干部在建立德育评价之前一直在思考的问题。带着这样的思考，我们意识到：用一把尺子、从一个角度去衡量所有的孩子，不适应孩子发展的需要。过于单一的德育评价，会限制学生的发展。好的评价应该是起到发现、激励、导引、优化、完善的作用。我们团队不断研讨，最终形成共识：建立润泽德育评价的目的就是在引导和激励学生全面而多元的发展，润养学生优秀的品行，赋予学生鲜明的个性，真正促进育人目标和德育目标的实现。

基于此，我们努力打破以往那种宏观共性的德育评价体系，力求建构具有校本特色的德育评价，主要思路就是围绕育人目标及德育目标这两大目标，对两大目标进行分解，提炼出核心培养要素，并梳理出不同年段学生的成长特点以及学生常规德育培养的要点，将两大目标要素与学生常规行为要点相对接，从而形成基于育人目标及德育目标下的评价体系，让评价体系顶层设计得更科学合理，评价能更准确地指导学生发展，更好地让学生通过评价来争做会思想的卓越行动者。

（二）“润泽少年”评价体系的基本框架

为了让德育工作得以有效进行，让每个孩子都能充分发挥其特长，润养优秀的品德，我校以“润泽教育”文化为引领，围绕育人目标和德育目标，建立了一套完整的“润泽少年”荣誉评价体系。

1. 评价结构呈阶梯式模型

学校“润泽少年”德育荣誉评价体系呈螺旋上升，设立班级“星级少年”评选，年级“四好少年”评选，校级“润泽少年”评选的阶梯式成长模型。先是班级进行“集星”行动，成为“星级少年”，然后就是年级的“四好少年”的评选；最后便是校级“润泽少年”

的评选。通过阶梯式评价结构的设置，可以让每一个学生都能切实地感受到自己的动态成长，让他们都能在评价中不断立德修身，各展所长（如图 4-21 所示）。

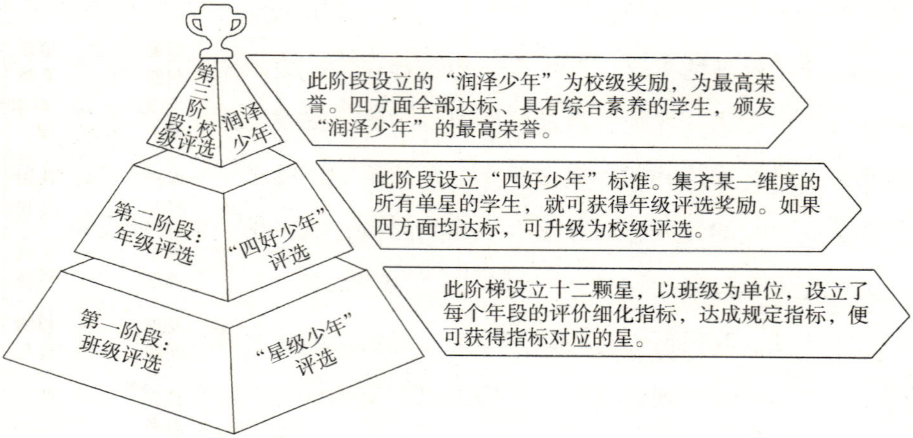

图 4-21 “润泽少年”德育评价体系

2. 评价内容体现“润泽品质”

学校德育的评价点是围绕学校育人目标和德育目标形成的。第一阶梯为班级“星级少年”设立十二颗星，分别为博学强识星、审辨慎思星、同理共情星、人文底蕴星、家国情怀星、树立理想星、规则意识星、责任担当星、自立自强星、探索创新星、致知笃行星、追求卓越星。第二阶梯为年级“四好少年”评选，此阶段设立“四好少年”标准，分别为会思想少年、有情怀少年、敢担当少年、能作为少年。第三阶梯为校级“润泽少年”评选，此阶段设立的“润泽少年”为校级奖励，是最高荣誉（见表 4-23）。

表 4-23　“润泽学生”荣誉体系具体评价表

最高荣誉	校级奖励	润泽少年											
Ⅱ级荣誉	年级奖励	会思想少年			有情怀少年			敢担当少年			能作为少年		
Ⅲ级荣誉	班级奖励	博学强识（博识星）	审辨慎思（思辨星）	同理共情（情理星）	人文底蕴（人文星）	家国情怀（家国星）	树立理想（理想星）	规则意识（规则星）	责任担当（责任星）	自立自强（自强星）	探索创新（创新星）	致知笃行（知行星）	追求卓越（卓越星）
各年段具体评价细化指标	低段1~2年级	态度端正	积极动脑	尊师孝亲	学习文化	文明有礼	丰富兴趣	语言文明	自我保护	克服依赖	保持好奇	开放思维	认识自我
		认真聆听	规范语言	学会分享	体悟传统	爱家爱校	培养爱好	行为规范	珍爱生命	学会自理	善于观察	动手实践	乐观积极
	中段3~4年级	学习专注	尊重事实	珍惜情谊	积累文化	感恩有情	树立目标	遵规守纪	爱护公物	掌握技能	发现问题	沟通交流	悦纳自我
		积极互动	语言丰富	懂得感恩	正确审美	寻根故乡	挖掘潜能	诚实守信	关心集体	学会生存	独立思考	共同协作	严于律己
	高段5~6年级	多元识读	逻辑清晰	欣赏他人	尊重文化	团结有责	心怀梦想	知法懂法	无私奉献	调控情绪	归纳分析	深度参与	完善自我
		善于质疑	善于反思	换位思考	学会欣赏	民族融合	积极奋斗	正直善良	维护荣誉	自律自爱	反思梳理	善于合作	勇于探索
	初中段7~9年级	主动求知	明辨是非	助人行善	传播文化	自信有梦	坚守信念	敬畏法律	勇于担当	抗挫抗压	批判质疑	独立策划	超越自我
		融会贯通	表达思想	心怀悲悯	创意表达	关心世界	实现价值	坚守原则	热心公益	自我管理	深入探究	统筹兼顾	崇德向善

3. 评价流程追求有序实效

第一，做到有标准可依，有规范可循。德育处根据“润泽德育”总目标和分目标设计评价标准，出示《学校“润泽少年”各年级评价标准及细则》。第二，开展班级内争星，各个班级根级年级评价细化指标开展争星活动，学生达到规定指标，便可获得指标对应的星；随之上升为年级间争“四好”，集齐某一维度的所有单星的学生，就可获得年级评选奖励。如果四方面均达标，可升级为校级评选，颁发“润泽少年”的最高荣誉。第三，颁发奖章。学校针对“星级少年”“四好少年""润泽少年"制作不同的奖章，通过颁发奖章的形式，激活学生的参与度和荣誉感。第四，展示荣誉。学校专门创设展示园地，来展示学生的争章成果，并通过不同的形式进行对外展示，营造一种正向传播的文化磁场。

（三）"润泽少年"德育评价的成效

"润泽德育"评价着眼于对每一位学生的发展做出评价，促进他们在评价中反思、完善、提升自我的道德水准和综合素养。

这一评价体系体现出三个特征：一是全面。96 项细化指标覆盖面广，完整反映了"润泽教育"文化下学校重点培养的 12 种核心素养，更契合学校的育人目标和德育目标。二是全员。"润泽少年"的评选涵盖所有学生，它尽可能地让所有学生都能够获得独属于自己的奖星。在评价方面，其主体亦可多元化——班主任、科任老师、学生乃至家长均可参与到"润泽少年"的评价过程之中，鼓励参与学生教育的全员共同评价，保证其公平、公正、公开。三是全程。德育的养成和品质的形成重在持续润育。"润泽少年"评选活动贯穿学生九年一贯学习生活的全过程，使其教育具有连续性、连贯性，更好地帮助学生巩固好习惯，润养好品质。

在"润泽少年"荣誉体系中，每个学生都将努力、健康、快乐地向着"会思想的卓越行动者"的目标迈进，收获一生受用的习惯，修得一身文雅的气质，拥有一个善思的头脑，练就一副健康的体魄，保持一种向上的心态。

第六节　发展合作共润、开放共享的润泽外联

在这个充满竞争与挑战的新时代，教育行业同样面临着新形势、新任务、新挑战。开放的时代需要开放的教育，在全面推进素质教育的今天，“闭门造车”的模式已经不能适应发展的要求，新时代下，教育理念的不断革新，提示我校朝着开放、互动的模式前进，积极发展合作共润、开放共享的润泽外联。

一、把学校建成开放、创新的成长乐园

有人说，时时处处是课堂，一事一物皆教育。的确，教育绝不仅仅局限在学校范围之内，家庭和社会也是教育进行的重要场所。因此，客观来说，真正的教育是学校教育、家庭教育和社会教育相结合的系统工程。在这个系统工程中，三方各有职责，相互补充，共同形成强大的教育合力。为此，我校在“润品育能，筑基未来”办学理念的指引下，倡导发挥家庭、社区、社会的力量，有机整合，开放办学，形成一个完整的教育场域，实现合作共润、开放共享的“润泽外联”。

（一）齐心协力：多方力量共润花开

在学校教育发展的初期，学校被认为是封闭的“象牙塔”，学校教育潜心于造学术、学知识，局限于书本上的知识，然后故步自封于校园

之内，这种教育"围墙"阻碍了学校的发展，也限制了学生的健康成长。当前社会是一个信息化的社会，在开放的理念格局下，我校也要坚持开放的办学理念，"打开门""走出去"，以开放的心态和胸怀革新传统教育教学环境，使我校的教育模式适应时代发展的需求。

教育系统作为社会大系统中的一个子系统，要与社会各系统、各部分之间有机协调，在保持自身特色的同时，积极与外界系统交换能量，从而建构一个完整的教育场域，实现各系统之间的优势互补，良性发展。我校的"润泽外联"体系建构了"学校—家庭—社会"三位一体的互动模式，汲取各方力量，发挥优势特长，依托学校引领、家庭助力、社会资源共享的路径，深入贯彻"润泽教育"理念，实现校内教育与校外教育的互联互通，全面推动校社协同育人。首先，学校教育与家庭教育进行双向联动，携手"育人伙伴"一起实现"润泽教育"的全面覆盖，给予学生家校双重的"润泽之爱"。其次，一切有利于学习和增强知识的地方都可以叫做课堂，而积聚了各种资源的社会大课堂，可以带给学生丰富多彩的知识，使学生获得新奇的学习体验，在体验中学习，在体验中成长，收获知识的同时，获得学习的乐趣。

陶行知说过："千教万教教人求真，千学万学学做真人。"我校在开放的教育教学过程中，始终坚持对知情意合一、思行合一的不懈追求，秉持和谐、自由、开放、创造的理想，遵循教育的本质规律和生命发展的需求，将教育教学的重点放在学生身上，关切学生的发展，"润泽外联"可以通过多方教育力量的浸润，来塑造具有良好品格的优秀学生，来润养会思想的卓越行动者。

（二）强强联手："润泽"举措打造新名片

学校形象是对外传播的一个窗口，通过学校形象可以折射我校教育理念的光芒，提高我校的核心竞争力。学校形象的建设离不开办学理念的指引，在“润品育能，筑基未来”的理念指引下，我校开拓出家、校、社会三位一体的“润泽外联”办学模式，积极开展开放办学，实现多方教育能量的互动，打造我校的新形象，形成独具特色的学校名片。

“他山之石，可以攻玉。”优势教育资源的互补才能形成最大的教育合力，发挥强大的育人功能，浸润学生品格，实现教育的全方位发展。基于此，我校进行了一系列的探索，在家校联合方面，通过“家校委员会”的创建，鼓励家长走进校园，共同参与学校管理，走进班级，参与课堂建设，感受课堂文化。举行家校座谈会，采纳家长对于办学的合理意见和建议，在学校与家庭之间搭建一座良好的沟通桥梁，赢得家长的理解和信任，实现教育理念的互通有无，在家长心目中构建一个亲和、友善、润泽的学校形象。与此同时，我们利用社会的教育资源，积极拓展学生教育视野，与社会机构联合建设教育资源共享平台，挖掘科技馆、博物馆等社会公共资源的育人功能，把课堂带入社会，拆除有形的教室之墙，在社会上打造没有“围墙”的学校，激发学生对知识的体验、感悟和积累，满足学生全面个性发展的需求，使学生在体验学习中学会自主学习，提高创新活力。资源的开放共享，使得“有墙学校，无墙教育”的策略得以贯彻，我校逐步建立起用高水平的社会文化资源，来浸润学生的成长的路径。与社会教育资源的携手，是建立我校品牌信誉和声誉的良好举措，也是稳固教育形象和地位的有力保障。

任何一所学校都有其特定的学校形象，而开放教学是提升学校教育形象的重要举措，也是提高我校竞争力的的重要保障。尤其是现阶段，社会对学校教育的需求呈现出多层次、多样化的趋势，我们只有顺势而变，建立互联共通的“润泽外联”模式，促进教育教学的持续稳定发展，才能使我校的教育教学保持不竭的生命力，使教育之树长青。

（三）润养生命：校外"课堂"成就新未来

现如今，学校为社会源源不断地输送人才，已经成为社会发展的"轴心机构"，但是，在社会飞速发展的当下，学校建设的某些层面依旧出现教育断层，固步自封，使学校发展缺乏活力，降低了学校的整体发展水平。作为校长，要站在教育的高度，用"润泽教育"理念指导我校的建设，尤其是要思考如何使学校永葆动力，促进教育的良性发展，而"润泽外联"体系的建构无疑是学校建设过程中的一剂强心剂，对学校、对教师、对学生的发展起到激励作用。

一是"润泽外联"融合多方力量助力学校发展。一所学校的发展，必须依托于办学理念的支撑，而近年来，办学理念也随着时代的发展在不断革新。就拿我校来说，在"润品育能，筑基未来"办学理念的指引下，不断地革新教育教学方式方法，致力于"打造一所温润的卓越之校"，此"温润"的路径探索不能仅仅依赖学校一方的努力，这样很容易陷入单向度的发展模式，缺乏活力和创造力。因此，合作共润、开放共享的"润泽外联"无疑为学校发展提供了路径指引，学校的发展融入了多方的教育力量，通过外部力量的输入，激活了学校的发展之路，使学校不再固步自封于单一的"自治"模式，而是积极与社会各界、家庭之间形成良好的互动关系，彼此相辅相成，把学校建成开放、创新的成长乐园，共同为教育事业贡献力量。

二是"润泽外联"激发教师教育能量。润养"教研相长、深思力行"的教师，是我校教师文化的内涵，而在"润泽外联"理念的指引下，我校对教师团队建设也提出了新的要求。近年来，我校不断地推进教师队伍从封闭走向开放，激励教师与家长、社会教育平台建立联系，沟通教育教学的基本情况，掌握关乎学生发展的第一手信息，积累经验，深入研究。同时，也鼓励教师走出教室，与各界的教育团队进行知识研讨，汲取能量，将最新的教育教学方法融入课堂之中，提升师资力量建设，激活教师的教育能量，从而促进开放办学的良性发展。

三是“润泽外联”润养全面发展的“润泽少年”。教育教学的终极目标是育人，“润养会思想的卓越行动者”是我校的育人目标，在育人过程中，我校不仅致力于对学生“思维能力”的关注，而且更侧重于关注学生的主体性，尊重学生的个性，鼓励学生全面发展。所以，我们在育人的道路上进行了一系列的摸索。而“润泽外联”的模式，破除了封闭保守、关门教学的陋习，与社会各教育资源合作，鼓励学生在社会这个教育舞台中学习知识，解放了学生的学习空间、时间，鼓励学生乐于实践，用行动去践行知识理论，在行动的重复之中，润养学生的品性。新时代，我们的社会更需要综合素质全面发展的人才，我校也在积极培育时代发展所需要的“润泽少年”。

合作共润、开放共享的“润泽外联”，已经成为我校发展的重要途径。处于这个蓬勃发展的新时代，作为校长，要用开放的思维，广博的视野，改革的精神去探索多元开放的家校共育理念，吸纳社会各界的优势教育资源，建构一个良性、健康、开放的教育场域，为打造一所温润的卓越之校注入活力。

二、家校携手，构建协同育人共同体

如果说学校教育与家庭教育对学生的影响，是一个支点发出的两个分力，那么这两种分力所形成的角度就决定了合力的大小。学校教育与家庭教育的方向愈加趋于一致，所形成的合力就越强大，对孩子的正向影响也就越大。作为学校，我们要把家长看成一种宝贵的教育资源，充分发挥、调动、联合家庭教育的力量，构建协同育人共同体，促成学校教育与家庭教育的双向联动，形成教育内容与形式上的有效互补，确保家校共育目标的实现与达成，从而更好地引导、教育、培养孩子的成长。

（一）“合作共润”的家校观

教育是一个不可逆的事情，错过孩子成长的关键时期，将遗憾终生。一直以来，家长都是我们教育教学的好伙伴，尤其是当下的教育模式正逐渐脱离传统教育的禁锢，不再囿于局部，学校也不再是教育的唯一责任主体，教育的桥梁需要由学校和家庭共筑。然而，现实却并非如此，在很多教育实践中，我了解到，许多家长在如何发挥家庭教育的优势上摸不着头脑，仍旧用传统的、固化的方式与孩子进行沟通，涌现出教育链条断裂的问题。同时，家长们受到当下流行的育儿文化的影响，教育知识呈现出碎片化，逐渐偏离了家庭教育的正轨，造成教育资源的浪费，这些都对孩子的成长造成了严重的伤害。

美国教育学家杜威也认为：“一个明智的家庭和一个不明智的家庭的区别，主要在于家庭中盛行的生活和交往习惯是不是根据他们对儿童发展的关系的思想进行选择的，或者至少是带有这种思想色彩的。”①由此可见，家长的教育观念深深影响着家庭教育的方向，家庭教育又对孩子的成长发育起到关键作用，我认为，必须重视起家庭教育的力量，关注家庭这一重要的影响因素，加强我校和学生家庭之间的联系，形成亲密的关系纽带。

为此，我校提出了“合作共润”的家校观，并将之作为“润泽外联”的重要一环，致力于通过与家长携手，合力打通教育壁垒，实现

① ［美］约翰·杜威：《民主主义与教育》，王承绪译，人民教育出版社2008年版，第21页。

教育系统内部的良好运行，从而达到教育和谐的目的。“合作”就是要联合家庭资源与力量，与学校教师做到协作互助，互通有无，而“共润”则倡导家长积极融入我校的教育体系中来，通过引导家长深入学习“润泽教育”的理念内涵，在家校之间形成良性的“润泽教育”网络，弥补学校与家庭在教育理念上的鸿沟，使家长从教育的边缘地带迈进教育主体的位置，携手润养学生成长，共同创造出家校联合的润泽教育共同体。

（二）“合作共润”路径探索

在“润泽教育”的基础上，根据实际校情，我校倾力打造“合作共润”的外联新路径。首先，建立了家长委员会，充分发挥家长委员会在家校互联中起到的重要作用，群策群力共同参与，通过加强三级家长教师协会成员的培训工作，让家委会成员更全面地了解学校的办学理念和工作内容及班级事务，与学校的办学理念形成一致，提高了指导的针对性。其次，我校还建立了以学校为中心、家长为主体的家长学校，为各个年级的家长配备了具有丰富家庭教育知识背景的专业人士教授课程，并且致力于提高家长的教育素养，从而形成教育合力，这些正是当下的教育所需要的。于无声处灌输我校的“润泽”理念，使家校双方形成统一的教育理念，拧成一股绳，共建协同育人的新气象。

1. “家委会”助力学校教育，协同培植教育之花

一位著名教育学家曾说：“没有家庭教育的学校教育和没有学校教育的家庭教育，都不可能完成培养人这样一个极其细微的任务。”我校在“润泽教育”理念的土壤中，在加强学校教育的同时，引入家庭教育，引导学生家长形成科学的家庭教育理念和行之有效的教育方法，从而提高家庭教育的质量，与学校教育一起形成教育的双动力。

如何在家庭和学校之间构筑一个沟通的桥梁，使家校教育之间达到

互通有无？我想，家长委员会不失为一个良计。我校不断健全协同育人机制，完善"学校（校部）—年级—班级"三级家委会机制，建立、形成了以班主任为主导、家长为各活动委员的班级家长教师协会，选定各级家长教师协会的活动委员、联络委员以及宣传委员，协助班主任教师做好班级管理、学校宣传等工作，提升家长满意度和社会影响力。同时，进一步引导家长教师协会成员，对学校的健康、快速发展提出合理化建议，并对积极贡献的家长利用家长会时间进行宣传与表彰，激励更多家长步入教育优秀者的行列，逐渐形成良性的家校沟通氛围。家长委员会的成立，明确了学校、教师、家长三方的职责和义务，推动家长学校系列工作的顺利开展，使"润泽教育"进一步达到系统化、专业化、规范化。

与此同时，为充分发挥家长委员会的教育作用，我校定期召开家长委员会全体会议。会前，班主任与家长代表们多次进行沟通和探讨，并召开预备会议。同时，还为家委会设立了独立的办公室，每天至少有三名家长到校办公，全程参与学校管理。家长们亲自参加校园环境安全的巡视，同教师与领导交流，进班听课评课，参与学校大型活动，全方位关注教育教学，并提出合理化建议。家长们走进教育、走进学校、走进班级、走近学生，以学校的发展、学生的成长为己任，使家长群体融入到学校当中，了解学校教育、教学工作，激发家长群体对学校教育的认同感和归属感，从内心认可学校，从而承担起相应的责任和义务，做到人人参与孩子管理，人人了解学校教育，为学校教育增添强劲的家庭力量。

家委会是一种有组织的教育团体，家委会背后的成员是一个又一个关心爱护学生成长、关注教育的学生家长，家委会联合起来的力量是我校教育教学能够持续健康发展的强大支撑力。这种多元化、多层面、立体式的家校联合举措，使家长们乐见其成，有利于形成积极参与和体验的教育氛围，使教师和家长在亲切的气氛中沟通交流、反馈意见，使家长逐步成为教育教学活动的参与者和支持者，形成我校独具特色的“润泽外联”、家校共育的教育文化。

2. “家长学校”激活家长教育力，携手润养生命活力

家庭教育对于孩子成长的重要性不言而喻，在新课程改革的背景下，“充分发挥家庭教育在儿童少年成长过程中的重要作用”是我校发展的重要途径。而家长学校的创办，正是起到了指导家长实施家庭教育的关键作用。我校所创办的家长学校是一种特殊的教育形式，通过将各个年级的家长组织起来，统一传授教育经验，满足家长对于家庭教育层面知识的求知欲。同时，家长学校也为家长们提供了一个公开对话、平等交流的平台，家长群体针对孩子的教育问题展开讨论，通过交流，获取新的观念和思想，在“润泽教育”理念的基础上，为家长传输真诚、灵动的家庭教育理念。

教育理念和教育知识的合理运用是家庭教育的法宝，只有对教育知识和教育理念进行深入学习，构建一套扎实的家庭教育体系，家长才可以胜任家庭教育工作。因此，我校加强家庭教育指导，每学期分年段举办了精彩多样的家长活动，成为了家庭教育强有力的后盾支持。具体而言，我校根据家长的需要和学生在学校各个阶段身心发展的特征，选择、编排专题讲座的核心内容，邀请教育专家和资深教师授课，对家长进行科学家庭教育的宣传，提升家教理念，指导家教行动；面对不同的家长，分类型、分层次组织家长活动和班级活动，每一个环节的设计都紧扣学生每一个成长节点，带动学生家长的转变与进步。作为区级家风实验校，我校积极开展了“重家教，树家风，传美德，共育人”主题实践活动，树立家庭养成教育榜样，积极开展“好家长”评选活动及

"我的育子梦——家庭教育故事"征文，成立"家校共育大讲堂"、开展校部开放日等，邀请获奖家长在各校部进行好家长养成教育故事巡讲主题教育活动。

近两年，由我校行政、一线教师主讲的家庭学校课程，从亲子阅读、行为习惯、心理健康等多方面开设了学习课程，受到家长的一致好评。每次课程前，我校还会编印内容丰富的《家长学校学习资料》，得到与会家长的高度评价。由此看来，由教育专家参与建设的家长学校已然成为了家庭教育的方法智库，通过向家长传递正确的教育方法，在提升家长教育知识技能的同时，增强了家庭教育的有效性，在学校教育的带动之下，家庭教育也成为了重要驱动力量。

尽管时代变幻莫测，风起云涌，但教育始终是社会发展的重要议题，是社会共同关注的焦点，这需要学校和家庭的良好配合。秉承"合作共润"的家校观，我校联合家庭智慧与力量，构建协同育人共同体，促成了学校教育与家庭教育的双向联动，使家长真正成为学生成长的引领、学校教育建设的帮助者与促进者，并与家长携手共同孕育"润泽少年"，润养"会思想的卓越行动者"，从而让"润泽"之花开满校园。

三、利用社会资源，助推学校发展

"生活即教育，社会即学校，教学做合一。""教育必须是生活的，一切教育必须通过生活才有效。"① 教育家陶行知先生如是说。简单而言，教育不能与社会生活脱轨，社会是生活的场所，亦是教育的场所，

① 方明编：《陶行知教育名篇》，教育科学出版社 2005 年版，第 152 页。

社会离不开学校，学校更不能脱离社会。因此，调动社会的参与性，联动社会资源，是推动学校教育发展的优选，也是必然道路。秉承着这样的思想，我校以学校为主体，以社会为平台，将学校、社会两方力量有机融合，力求为孩子营造一个积极良好、广阔宽松的教育大环境，为学生健康成长、全面发展保驾护航。

（一）“开放共享”的社会教育观

教育教学活动不可能脱离社会而存在，教育过程也不能脱离社会来实施。现阶段，在素质教育不断向前推进的过程中，很多学校走出了独具特色的发展之路，学校已逐渐成为学生学习生活的天地。但与此同时，一些学校却忽略了社会教育的强大力量，学生也逐渐被“隔离”在社会之外。都说社会是一所学校，生活是我们的良师，但在现实中，我们的教师、我们的学生并未在这所“社会学校”中好好地深造。

在我看来，我们的学生需要走出教室、走出校门，与社会深入接触，感知世界。再者，现今社会是一个强调终身学习的社会，社会教育是构建终身教育体系的理想途径之一，多元化社会教育平台的搭建为学生的终身学习提供了保障，有利于实现教育的终极目标——实现人的全面发展。

学校是教育的主体，而家庭和社会作为教育的补充，是引领学生在知识的海洋中翱翔的双翼。在“润泽教育”理念的引导下，这种“一体两翼”的教育模式，启发我校要将各类教育资源整合起来，搭建这样一个全方位、立体式的教育平台，既能作为教育实践，又能作为课外教育的延伸，从而实现教育资源优势最大化。

我们追求的往往是教育结果，而整个教育结果要看受教育者步入社会后是否真能学以致用。我们培养全面发展的少年，最终是要走向社会，经受社会的考验，这就需要让我们的学生参与更多社会实践。但校园内部的教育资源其实是相对有限的，不能满足学生形形色色的求知欲和渴望别开生面的教育活动的需求。因此，我校在开辟家校联合新路径的基础上，不断挖掘、整合优质的社会教育资源，别出机杼地开辟了一条独具特色、"开放共享"的社会教育之路，从以知识为本的课程转向以学生全面发展为本、更开放、更科学的课程。与社会机构合作，可以缓解教育资源供给不足的问题，满足学生们日益增长的学习需求。

（二）"开放共享"之路的探索

当前，社会教育机构呈现出数量多、专业性强，但是资源利用率却不高的特点，比方说科技馆、博物馆等机构，具有很多鲜活生动的知识内容，这些是跳脱书本而存在的。作为教育工作者，我们不仅要看到这些机构本身作为展示、收藏的价值，更要看到其背后的教育与育人功能，对学生而言，走入社会的体验式课堂才是真正的兴趣课堂。

但激发这个"社会课堂"无疑是一项艰巨且长期的系统性工程。为此，我校积极构建社会共育机制，充分挖掘社会资源的育人功能，重视社会教育资源的整合和利用，在"润泽外联"的理念下，搭建"合作共润"的社会教育平台，通过一系列社会教育的实践活动，让学生走出校门，走进社会，使校外活动和课堂教育在体系上更加相得益彰，在教学内容上相辅相成，与社会共融，真正实现三方"联动"共育成长的开放格局。

1. 联袂中国科学院——体验"昆虫王国之旅"

我校积极落实北京市教委《北京市初中科学类学科教学改进意见》，与中国科学院合作，邀请科学专家开设"昆虫研究与科考"课程。在这门课程中，我校有幸邀请到中国科学院动物研究所刘晔老师，通过建构昆虫世界的相关情境，让学生们深入感知科学的奥妙，为学生揭示昆虫王国的秘密。这门丰富多彩而极具知识含量的课程，让孩子们感觉到每一节课都是一次美妙的“昆虫学习之旅”。这样的体验式课堂，可以引领学生在体验、感知、感悟、实践的过程中，对知识进行内化和吸收，通过积累良好的学习体验，树立学习自信心，变“被动的灌输”为“主动的探索”，使学习真正成为“被引导的创造”过程。

2. 走进中国科技馆——创设“科学”自主品牌

我校积极参与“利用社会资源丰富中小学校外实践活动”项目方案的沟通协调会，作为实验学校，我校与中国科技馆对接，构造“学生实践学习任务单”。不同于以往，现今的科技馆具有更重要的社会职能，在社会公共教育中占据重要位置，是学校教育的有效补充。我校通过引进中国科技馆的“科学讲坛”“科学 TALK 秀”“科学表演”等自主品牌，为我校的教育教学提供更多的优质课程资源，利用实物、展品及现代化的教育设备，用探究型、自主型的教育方式，充分调动了学生学习的积极性、参与性，使学生收获更多科学知识的同时，逐步培养科学思想，形成系统的科学知识体系。

3. 携手社区——亮相“社区大舞台”

社区是社会最基层的单元，对社会的稳定与和谐发展起着重要作用。社区中的每一个子集，都有丰富的社会文化内涵，蕴含着丰富的教育资源。社区是学生活动的大环境，文明和谐的社区环境，对提高学生的文明礼仪、综合素质有很大的帮助。社区教育可以更加贴进学生的生活，起到润物细无声的作用。因此，我校积极挖掘社区资源，充分利用“安贞社区大舞台”给学生提供展示交流的机会，让学生在参与学雷锋、码放共享单车、关怀慰问老人、护河巡河等公益活动中学会感恩和奉献；让学生在安贞国学院成立大会、纪念屈原端午节的诵读会、冬至饺子会、孔子诞辰 2565 周年纪念典礼以及各级各部门领导视察安贞国学院的活动中得到历练。我校的小小“国学志愿者”讲解到位、表现出色，赢得各方的一致好评。同时，还邀请社区民警进入校园，向孩子们讲授法制知识，使学生们知法懂法，提高了法律素养；我校每年都会组织学生参加安贞国学院组织的祭拜孔子诞辰活动，让学生成为中华优秀文化的传承者。通过一系列与社区的交流活动，一方面，学生的润泽之彩得到了展现；另一方面，我校与社区也更为紧密地联系在一起，使学校的品牌效应不断增强。

4. 开发多元课程——特色教育培养实践精神

充分利用社会教育资源，最关键的是要培养学生的实践精神。对于目前的教育状况而言，实践这一环节，与我们的目标相去甚远，导致接受了多年教育的学生拘泥于书本、课堂，依旧未能领略到知识的本质。在此基础上，我校积极利用社会资源，引进科技、艺术力量，组织学生前往科学场馆参观，组织游学活动，拓展学生们的视野和阅历——充分利用北京市、区资源，在行知园、翱翔园、蝴蝶园、红星快乐营、园博园、木偶剧院、国家大剧院、工体富国海洋馆、佐特陶艺基地、国家博物馆、首都博物馆、天安门观旗等社会大课堂基地中都留下了学生实践的身影，激发学生对知识探索活动的浓厚兴趣，鼓励学生大胆求异，勇于探索，勇于实践，勇于坚持己见，善于修正错误。此外，我校还组织召开“长征故事分享交流会”，让抗战老兵为学生们讲述抗战年代的救国故事；利用周边高校资源，邀请大学生前来讲课；结合自身科技特色，充分发掘了汽车博物馆、农业大学、农业科技展示园、中国科技馆、航空博物馆等教育资源，组织学生多次前往实践，使学生在丰富多彩的校外实践中开阔视野、陶冶情操、愉悦身心、健康成长。

“开放共享”的社会教育模式在目前看来是非常具有前瞻性的举措。社会教育资源与学校教育资源相互联系、互为补充，我校在充分利用区位优势的基础上，与社会各个机构一起搭建校外学习实践平台，充分尊重学生的主体性，满足学生全面个性发展的需求，鼓励学生走出教室，施展兴趣，为他们提供开放、多元的实践活动，帮助学生认识社会、体验社会，成功打造出学生的“第二课堂”，这也体现了我校“知行合一”的行动哲学。在日后的教育教学实践过程中，我校将积极调动社会教育资源为我校的教育工作服务，实现教育资源的开放共享，使社会成为滋养学生成长的沃土，浸润学生的成长。

第五章 文化自信：形成以“润泽教育”为核心的文化场域

本章主要是从学校文化硕果及未来发展出发，对“润泽教育”下师生的成长、学校的发展进行总结，并对未来进行展望，从而展现学校的文化成果和对未来发展的思考及规划。

第一节 让师生从文化自发走向文化自信

“设神理以景俗，敷文化以柔远。”南齐王融在其《曲水诗序》中的这句话，道出了文化对社会发展产生的深刻影响。其实，“文化”乃是“人文化成”一语的缩写，出自《易经·贲卦·彖辞》：“刚柔交错，天文也；文明以止，人文也。观乎天文，以察时变，观乎人文，以化成天下。”在我国古代的诸多论著中，“文化”二字寓意深厚，意味着以文字、文章、文采承载的礼仪文化、制度文化等“教化”世人。

“文之以晓义，化之以成天下，”可见文化之力量。[①] 文化，看似无形，实则润物无声，融通人心。我校文化更是我校的灵魂和命脉，不仅蕴含着丰富的文化宝藏，更孕育着教育智慧，提升着教育品格，滋养着师生心灵，成就着高尚品格，令全体师生的生命舒展张扬、富有灵性，使我校的教育有品位，有宽度，有厚度。

为此，多年来，我校一直在文化办学的路径中探索前进。历经几度春秋，经过三大发展阶段，在师生共同的使命愿景之下，我校文化体系从初见雏形到基本完备，形成了独具特色的“润泽教育”理念体系，我校明确了“润品育能，筑基未来”的办学理念，提出“打造一所温润的卓越之校”的办学目标和“润养会思想的卓越行动者”的育人目

① 参见秦海地：《濡染浸润　励志凝神——我的“校长管理心语”系列之文化篇》，《中国教育报》2010 年 12 月 21 日。

标。在全校师生共同的努力和积极实践中，“润泽教育”文化已扎根于我校的土壤中，并繁衍出枝繁叶茂的文化之景。

一、三大发展阶段，造就润泽教育

自2013年8月伊始，历经七年多的改革与实践，我校积淀了独有而深厚的文化内涵。细究其发展历程，可以发现我校经历了从规范到变革、从萌芽到成形，并逐步完善的三大发展阶段：

（一）文化的梳理与继承阶段（2013年8月~2015年4月）

2013年8月，伴随着我校领导班子的调整及我校处于办学低谷阶段的现状，新一届学校领导班子继承了教师敬业、责任心强的文化基因，针对我校组织架构不能适应新的课程改革的需要和评价机制、管理机制不完善的问题，进行了变革与调整。基于我校现状，重建了组织架构、管理机制、评价机制等，我校管理面貌发生改变，上了一个新台阶，为后面文化的深度建设奠定了良好基础。

（二）文化的融合与发展阶段（2015年4月~2016年8月）

2015年4月，伴随学区化改革，我校由四所学校整合而成一所九年一贯制学校，整合之后的四所学校各具特色，管理机制、文化理念各不相同。在一体化管理过程中，文化与价值观亟待融合，机制体制改革迫在眉睫，为保持过渡时期的稳定，我校在充分挖掘继承原四个学校团队意识强、管理精细、工作落实到位、注重特色课程开发优点的基础上，对各自管理文化进行提炼，重建了一套“九年一贯”的一体化管理模式，“润泽教育”思想开始孕育。

（三）文化的创新与提升阶段（2016年8月至今）

新的机制体制运行了一年多后，我们发现原有组织架构和运行机制存在诸多弊端，于是力图改革，尤其是2017年8月，与中国教育科学研究院合作办学后，借助丰厚的智库资源，我校在继承融合的基础上，结合九年一贯和多址办学的实际，重塑组织架构，重建各项管理机制和评价机制，制定了新的《学校章程》。历经多次改革与实践，完整建构、有效实施了先进、科学、逻辑严密的办学理念体系，“润泽教育”的思想不断丰富和完善。

二、基于“润泽教育”，生成理念体系

“润泽教育”的育人方式注重“润”。这种育人方式是把学生当作一粒种子，为其创造适宜适性的生态环境。这就是教育的起点，我们教育的意义就在于提供适应的阳光、适宜的土壤和适量的水分，促进生命种子潜能的释放。因此，“润泽教育”的本质是生命教育，核心是生态的创设。基于这一认识，我们确立了办学理念体系。

在“润泽教育”的引领下，我校不仅凝练出“润品育能，筑基未来”的办学理念，力求以“润泽”的教育方式，润养学生之“品性”，培养学生之“能力”，从而为学生的未来发展奠定坚实的基础；而且合理分析，合理定位，确定了“打造一所温润的卓越之校”的办学目标及“润养会思想的卓越行动者”的育人目标，为实现共同的教育理想、抵达心中教育的彼岸指明了方向；更进一步梳理、明确了“一训三风”，以“润泽、博雅、睿智、平和”为校训，以“崇德尚能，励学敦行”为校风，以“教研相长，深思力行”为教风，以“博闻强识，审辨笃行”为学风，并不断摸索和探求文化育人的规律和模式，最终建立出“润泽教育”理念文化体系。

“润泽教育”是我校发展之魂，以“润泽”言“教育”体现了我

校温润的教育之情，以流动、弥散、温润、滋养等润物无声的教育方式，将博雅、睿智、平和之品性，渗透到师生的工作学习生活的点滴之中，润养全体师生之"品性"，以此促进全体师生知识与能力、身体与心灵的全面发展。

三、践行"润泽教育"，润养生命成长

教育不仅是培养人的社会活动，更是一项脚踏实地的实践工程。要充分践行"润泽教育"的核心思想，就必须将教育理念落地，用理念指引行为，将理念内化于师生的行动中。由此，我校在"环境文化、管理文化、课程文化、教学文化、教师文化、学生文化"等领域进行不断探索与真实实践，形成了丰富的实践成果。

（一）润泽环境，涵养心灵

我校环境文化以"润泽校园"为标识，旨在打造一所"温文尔雅、和谐阳光"的校园。让学校的每一个角落，都成为生命自由成长的乐园，成为师生生命成长的精神家园，力求让每一块墙壁、每一间教室、每一个角落都浸透人文、宽容、激励、和谐、快乐的生命气息。

一方面，我校通过落实艺术专项资金，美化校园环境，利用建筑小品、雕塑标语，将"润泽"的办学理念以实物的方式具象化，在有限的空间中，开辟出文化长廊、小桥流水的润泽景象，实现环境育人；另一方面，将"润泽教育"理念以视觉化呈现的形式展现出来，以书育心、以心施教的校徽形象以及寓意水润养万物、泽被生命的吉祥物"润润"和"泽泽"，让学校充满文化韵味。

此外，我校还在教室、办公室、各专用教室的布置上体现艺术特色，充分展示教师学生的风采特长，做到让每一面墙说话，让每一道风

景育人。通过在墙面上开辟专门的文化展示区域，让每个班级的学生都能充分展示才能、彰显自身特色。

（二）润泽管理，激发活力

“润泽管理”意指通过建设科学、人文的机制，形成一种无处不在、温润尔雅的文化磁场，渗透到每一位师生工作、学习与生活中，实现全体教职员工自觉行动、自我管理、自我发展，其最终目的是实现“规范自觉、和谐活力”的管理文化，即发展而非约束，自由而非制裁，完善个性、显现智慧、舒展心灵而非训练、塑造和强制，从而构筑师生的精神家园。

以“润泽管理”为文化内生点，我校重塑组织架构，实施扁平化治理；重建运行机制，形成了年级主任负责制、干部竞聘上岗制、教职员工岗位双向选择聘任制、岗位实施责任制、工作过程督查制、工作失误实施问责制、利益分配量化积分与绩效制、多主体实施评价、全员参与的分布式领导、各项机制“九年一贯”打通十大机制，促成管理中的规范与自觉；建立以培促管机制，完善了旨在推动教师发展的九大校本研训机制，创新评价方式，健全评价体系，不断增强管理的和谐与活力，真正激发了学校内部每一个人和每个组织的活力，从而实现了文化融合、价值观统一和一体化发展。

（三）润泽课程，润养品性

“润泽课程”的课程目标直接指向“润养会思想的卓越行动者”，从“润品”“润知”“润能”“润体”四个方面来支撑育人目标的落实，旨在润养学生高贵的品格、渊博的知识、卓越的能力和强健的体魄。

我校“润泽课程”是在把握教育发展规律，基于国家课程，立足于促进学生全面发展基础上的个性化发展，是在满足不同学生群体需要的基础上建构的。我校构建了基于“润泽教育”理念的润泽课程体系，将三级课程进行模块化整合，从课程功能角度，以学生为本，注重课程之间的联系，把课程分为“三层次五类别”，“三层次”是指基础性课程、拓展性课程和研究性课程；“五类别”是道德人文社科类、自然科学类、体育健康类、艺术审美类和综合类，并贯穿于九年一贯制体系之中。在“润泽课程”的统一框架之下，我校共计开设课程近百门。课程实施中，追求精致与深入，国家课程实施效果显著，并形成科技、艺术、体育、心理健康等特色课程，探索了良好的三级一体化课程实施模式。

（四）润泽课堂，提升思辨

我校确立了与“润泽教育”“润泽课程”相配合的课堂文化，即重思明辨、活跃创新的“思考力课堂”。所谓“思考力课堂”，是一种高度关注学生思考力提升和发展的课堂教学模式，即通过系统的教与学的设计，有目的地积极推动学生分析、综合、推理、判断能力和相关素养的发展。其主导模式是：教师利用预设的或生成性教学情境，使学生产生疑难，进而指导他们运用合理的思考过程和方式解决相应问题，从而推动学生在学习知识、技能和具体解决问题的过程中实现思考力的有效发展。

我校“思考力课堂”有着独特的“6 + X”模式，即抓住“明、问、思、辩、悟、用”六个要素进行教学设计与实施，针对不同学科特点，灵活地运用。这种模式是打造我校智慧课堂的骨架，所谓“6”，是“明”“问”“思”“辩”“悟”“用”六个课堂构成要素，它们分别指向明晰教学目标、合理设置问题、学生形成见解、展开深刻辩论、寻找思维的灵性、开放性运用与实践这 6 个要素，而 X 则是指结合不同学科特点采取的灵活的教学策略。这种灵动的、富有创造性的教学模式，依据各个学科的特点，集成学生各异的思维智慧，充分尊重学生的主体性，鼓励学生积极参与课堂，融入课堂，使学生在课堂中敞开心扉、畅所欲言施展智慧，在实践和行动中润养“润泽少年”。

（五）润泽教师，引领前行

我校在“润泽教育”及“润品育能，筑基未来”的办学理念下，以“润泽教师”为教师发展方向，润养出了“教研相长、深思力行”的教师文化。多年来，我校始终关注教师的成长，在加强“润泽教师”队伍建设的过程中，保持以温润之势，浸润教师团队，通过价值的引领、职业的规划、专业研训机制的建设、教学常规管理制度的规范及个人学术积分等评价机制的驱动等策略，营造良好的教研氛围，不断提升我校教师团队的专业水准。

如，我校建立了旨在推动教师发展的九大校本研训机制和四大研训策略，促成了教师的专业发展；构建了有效的教师评价体系，提高教师的学校认同感与教育教学水平；召开多种层面的教师工作研讨和经验交流会，为全体教师提供一个工作研讨与展示的平台；围绕学校的核心工作，结合师德教育活动开展读书活动，以年级组为单位开展教书、读书分享会，由各年级组分享学生养成教育的方法、特色；鼓励教师自主进行课题研究，以科研带动教研，提升教研效能……这些举措为教师队伍的成长营造了一个宽松民主的环境，创设了舒心温暖的工作环境。

（六）润泽学生，释放精彩

我校在“润泽教育”理念的指引下，以学生为本，构建了旨在润养“博闻强识，审辨笃行”学生的育人文化。我们以“立德敦品，弘毅励行”为德育理念；以学校育人目标为出发点，从“知、情、意、行”德育过程的四个维度，提出了“润泽德育”培养的总目标，即培养会思想、有情怀、敢担当、能作为的“润泽少年”。梳理各学段的德育活动和课程，自上而下地建构了一个完整的以育人目标为价值导向的

"一标四维十二品""润泽德育"体系。探索了课程实施"六育人"的实施模式，即"课程育人重整合、文化育人重浸润、活动育人重引领、实践育人重体验、管理育人重内化、协同育人重联动"。最后还建构并实施了科学的"润泽少年"荣誉体系，以"一标四维十二品"为主要考核点，用评价带动德育的创新，引领学生的发展。

（七）润泽外联，开放共赢

我校积极发挥家庭、社区、社会的力量，在"润品育能，筑基未来"的基础上，逐步完善我校的教育场域，形成了合作共润、开放共享的"润泽外联"模式。

首先，健全协同育人体制，制定了《中国教科院朝阳实验学校三级家委会章程》《中国教科院朝阳实验学校家委会工作职责》《中国教科院朝阳实验学校膳食委员会工作职责》，成立了"学校（校部）—年级—班级"三级家委会管理体制，成立了学校膳食委员会。

其次，积极开展家风建设主题活动，开展了"重家教、树家风、传美德、共育人"主题实践活动，提升家庭的育人能力；展开了"好家长"评选活动及"我的育子梦——家庭教育故事"征文；成立了家校共育大讲堂，邀请家长进学校介绍育子的经验，为学生开设与自己专业相关的课程讲座。家委会每天至少有三名家长到校办公，全程参与学校管理，参与学校大型活动。家长们走进学校、走进班级、参与活动，以学校的发展、学生的成长为己任。

最后，坚持开门办学，积极构建社区共育机制。我校充分整合和利用社区资源，搭建平台，让学生走出校门，走进社区，参与社区的志愿服务和实践。

文化因"自发"而"自信"，从文化自发走向文化自信是一个心理蜕变的过程。我校师生始终是我校文化建设的主体，他们与我校文化建设共进退、共成长，且这种文化始终维系着师生的情感，融汇着厚重的文化底蕴和深沉的润泽意蕴。

诚然，我校文化的生命力不仅在于日复一日的传承，更在于其在这个动态变化的时代之下的兼容与创新。我校的“润泽文化”是一种深沉的历史存在感，它以润泽之蕴流淌在全体师生的血液之中，但文化建设之路仍然任重而道远。因此，我们必须始终坚守“润泽教育”的核心理念，保持我校的动态发展，和光同尘，与时舒卷，在增进文化认同中坚定文化自信，将我校的“润泽文化”传播出去，打造我校专属的文化魅力。

第二节　在润泽文化滋养下缔造未来

古人云，“上善若水，滋润万物”。文化就有如那源源不断的涓流，流淌在生命的长河中，浸润着一代又一代人的心灵，它不仅展示了一种力量，更体现着一种朴素而有生命力的坚持。学校作为人类文化传承与发展的重要时空和纽带①，其发展过程，始终闪现着文化的光芒。因而，每所学校都拥有着独特的生命体征和文化特色。

三十五载朝夕，静听花开花落，坐看云卷云舒；三十五年办学之路，浇筑师生心血，编织多彩梦想。作为一所由中国教育科学研究院与朝阳区教委共同打造的九年一贯制全国优质名校，我校始终将办学目标了然于胸，将育人目标恪守于心，坚守“润泽教育”的初心，以心育

① 参见张扬生：《试论校园文化与学校发展》，《学校管理》2005 年第 3 期。

心，以爱育人，润养着一代又一代学子的心灵，培养着学生的"品格""学识"与"能力"，用"润泽教育"泽被全体学生，泽被每一个学生的未来。在栉风沐雨、砥砺前行的这些年，我校的润泽文化早已扎根于师生的心中，落实在具体的行动之中。

一、泽被学生生命力

润泽教育真正激发了我校学生的思维能力、行为动力、情感活力，实现了他们全面、健康而个性的发展。我校学生的言行举止受到所在社区好评，学生的发展状况获得家长的好评，社会满意度水平不断提高，2018 年满意度调查中，中学为 100%，小学为 99.8%；我校每年学生体质达标检测各项指标均列全区前列。

近年来，我校中考成绩连创新高，每年荣获朝阳区中考优秀奖；我校学生在各级各类非学科竞赛中共获区级以上奖项 1875 人次，特别是近三年来每年有约 200 人次在区级及以上比赛中获奖，获奖奖项包括绘画、摄影、园林设计、书法、天文、时事政治、演讲、辩论、戏剧、舞蹈、合唱、无线电等项目；在全国少儿国际公益绘画大赛、全国中小学生书法作品大赛、快乐体操大赛、全国青少年车辆模型教育竞赛等高规格比赛中共获得荣誉 200 余项，仅 2018 年一年，在微型创意机床比赛、车模比赛、VEX 机器人大赛中，我校就有 30 余名学生获得奖项。

截至目前，我校共有 100 余名同学参加到近 30 个课题的研究中。其中课题《关于在墙体外建造墙壁式鸟巢的建议》获北京市科学建议奖；《北京朝阳区部分小区内狗粪收集箱分布及使用情况的调查研究》《不同营养液对百合切花花期的影响》《关于公共厕所设施设置情况及公众使用满意度的调查》《关于北京元大都城垣遗址公园海棠花溪东区海棠花种类及其介绍牌准确性的调查研究》《关于安贞公园广场舞对周边影响的调查研究及建议》《北京地铁站售票方式转变后公众使用情况及满意度的调查》《外卖餐盒使用现状及其改良方案的研究》获得北京市科技小论文一等奖。

一个个烫金荣誉展示了我校“润泽少年”的生命精彩，用文化润养学生高贵的品格、渊博的知识、卓越的能力和强健的体魄，让他们幸福成长，最终成为会思想的卓越行动者。

二、润养教师凝聚力

润泽教育由内而外激发了我校教师活力，促进了教师队伍的良性发展，我校现有特级教师 4 人，博士硕士研究生 40 余人，区级及以上骨干教师占到教师总数的 25%，在这些先锋力量的带领下，我校先后获得“朝阳教育先锋号”“朝阳教育师德建设先进单位”等荣誉。

经过多年的教育教学实践，我校教师真正成为了学校的研究者、参与者与建设者：我校教师现已自主开发了包括科技、艺术、体育与传统文化教育等的几十本校本教材，基本覆盖各个学科，在 STIP 课程中 3 名教师获得北京市科学建议指导教师奖；在各种督导评估检查中，教师的优秀课占比达到 90% 以上。我校教师在国家、市区各级教学研讨会上做示范课、交流课达 30 余节，覆盖基础性课程各个类型。20 余位教师在北京市、朝阳区 2018 年“启航杯”“扬帆杯”教学大赛、教学基本功大赛中获得一、二等奖的好成绩；200 余人次教师在各级各类论文评选和微课比赛中获奖，其中 4 人在北京市基础教育优秀论文评选中获得一等奖，4 名教师在朝阳区“基于核心素养培养的课程整合与创新”优秀案例中获奖，6 名教师在北京市课程资源评选中获得奖项。

此外，自2016年以来，有3项朝阳区“十二五”教育科学规划课题顺利结题，2项北京市“十三五”教育科学规划课题在研，7项朝阳区教育科学规划课题在研，9项北京市教育学会“十三五”课题在研。4部相关教学成果集与教材已经结集出版，10篇课程与课堂教学方面的论文在国家与省级刊物上发表。

三、彰显学校特色力

“润泽教育”是我校的灵魂，在该理念的指引下，我校的润泽特色愈发凸显，润泽教育品牌的影响力不断增强。近年来，我校不断强化质量意识，狠抓质量建设。在全体干部、教师、学生的共同努力下，我校发展取得了突出的成绩，先后取得“首批全国体育工作示范学校”“全国学校体育工作评估监测点校”“全国校园足球特色学校”“全国十佳科技教育创新学校”“全国科普日优秀组织单位”“全国青少年科学调查体验活动优秀活动示范学校”“全国青少年人工智能活动特色单位”“2018年‘北斗领航梦想’全国青少年北斗科技实践系列活动优秀组织奖”“北京市首批中小学文明校园”“北京市中小学学校文化建设示范校”“北京市中小学艺术教育特色校”“北京市中小学科技教育示范校”“北京市科学调查体验活动示范校”“2016北京市百所特色学校”“京城教改创新领军学校”“北京市金鹏科技团”“北京市金帆管乐团”“首都文明校园”“朝阳区第十四届教育教学成果奖”“朝阳区科研先进单位”“朝阳区‘朝花’美术团”“朝阳区足球特色学校”“朝阳区首批‘朝英’社团承办校”“朝阳区优秀小小工程师社团”等几十项荣誉称号，这些荣耀时刻始终激励着我校师生奋勇向前。

另外，我校的国际、国内办学影响力不断加强，先后有30多次国际、国内交流。如丹麦 ZBC 商业高中走进我校进行交流，波兰校长团到校交流访问，香港大学三次来校交流。皮影社团赴台湾进行了为期一周的传统文化交流，我校师生赴香港圣若瑟英文中学进行交流，科技、艺术社团赴英国皮特布鲁克小学进行友好交流活动。每年有多批次其他省市兄弟学校干部教师来我校交流学习，我校也多次参加全国性学术会议，进行大会交流。

回望过去，硕果累累，展望未来，砥砺前行。在“润泽教育”文化的引领下，学校全体师生辛勤耕耘，用滴滴汗水收获了累累硕果。但无论是春华秋实，还是栉风沐雨，学校将永怀初心，砥砺前行，以从容之态，追求教育之美，以拼搏进取之心，绘就未来雄伟画卷。

参考文献

一、著作类

[1] 费孝通:《人的研究在中国——个人的经历》,《读书》1990 年第 10 期。
[2] 钱穆:《文化学大义》,(台北) 正中书局 1981 年版。
[3] [德] 斯宾格勒:《西方的没落》,商务印书馆 1963 年版。
[4] [德] 卡尔·雅斯贝尔斯:《什么是教育》,生活·读书·新知三联书店 1991 年版。
[5] [苏] 苏霍姆林斯基:《帕夫雷什中学》,赵玮等译,教育科学出版社 1983 年版。
[6] 陶行知:《陶行知文集》,江苏教育出版社 2008 年版。
[7] 中国大百科全书编辑部编:《中国大百科全书·教育卷》,中国大百科全书出版社 1985 年版。
[8] 华中师范学院教育科学研究所编:《中国乡村教育运动之一斑:陶行知全集》,湖南教育出版社 1985 年版。
[9] [苏] 苏霍姆林斯基:《给教师的建议》,杜殿坤译,教育科学出版社 2000 年版。
[10] 约翰·杜威:《民主主义与教育》,王承绪译,人民教育出版

社2008年版。
[11] 方明编：《陶行知教育名篇》，教育科学出版社2005年版。

二、论文类

[1] 付云：《学校文化简论》，《教育改革》2006年第4期。
[2] 张东娇、张凤华：《学校文化建设三大问题及其解决策略》，《中小学管理》2015年第1期。
[3] 于漪：《教育的姿态——于漪基础教育论稿》，山西教育出版社2014年版。
[4] [美] 乔纳斯·索尔蒂斯：《论教育哲学的前景》，《国外社会科学》1984年第3期。
[5] 陈如平：《新样态学校的理性思考》，《中国教育学刊》2017年第3期。
[6] 蒯红良：《浅谈治校之道——学校管理工作中的"人治""法治"与"文治"之我见》，《内蒙古教育》2016年第21期。
[7] 董梅：《学校"扁平化管理"机制建设研究——以金马公学为例》，《现代教育》2020年第4期。
[8] 罗莎莎、靳玉乐：《教师角色的历史演变及其启示》，《现代大学教育》2020年第3期。
[9] 郭华：《中国课程改革四十年》，《湖南师范大学教育科学学报》2018年第6期。
[10] 顾明远：《顾明远对话钱颖一：教育更要注重培养学生的思维能力》，2017年5月25日，https://www.sohu.com/a/143349582_243614。

[11] 叶圣陶:《叶圣陶语文教育论集》,教育科学出版社 1980 年版。

[12]《基础教育课程改革纲要(试行)》,2001 年 6 月 8 日,http://www.moe.edu.cn/publicfiles/business/htmlfiles/moe/moe_309/200412/4672.html。

[13]《中共教育部党组关于认真学习贯彻全国教育大会精神的通知》,2018 年 9 月 14 日,http://www.moe.gov.cn/srcsite/A27/zhggs_other/201809/t2018 0914_348818.html。

[14]《奋战 2020　确保"收官之年"圆满收官——2020 年全国教育工作会议召开》,2020 年 1 月 11 日,http://www.moe.gov.cn/s78/A10/moe_601/202002/t20200210_419637.html。

[15] 贾立政:《在坚持问题导向中开创事业发展新局面》,2017 年 9 月 14 日《人民日报》。

[16] 秦海地:《濡染浸润　励志凝神——我的"校长管理心语"系列之文化篇》,2010 年 12 月 21 日《中国教育报》。

[17] 张扬生:《试论校园文化与学校发展》,《学校管理》2005 年第 3 期。